楽しいから
続く、続くから
効果が出る

くせになるランニング

倉島万由子
Kurashima Mayuko

日本実業出版社

はじめに

「体重増加が止まらない」「健康診断の結果が良くない」ことへの危機感から、手軽にはじめられる「ランニング」に手を出してみたけれど、「走る時間がない」「ケガをした」「効果が実感できない」などの理由で、走るのをやめてしまったことはありませんか？

そして、走るのを続けられない自分にがっかりしたり、「自分は何も習慣化できないんだ」と、あきらめてしまったり……。

でも、安心してください。

ランニングが続かないのは、あなたのやる気が足りないからではありません（詳しくは、16ページをのぞいてみてください）。

ランニングを楽しみながら、効果を実感する方法を知らないだけなのです。それを知れば、いつの間にかランニングが「楽しくてくせになる」ようになります。

この本では、**走って身体も心も生き方も一変した**私の体験をベースに、「走ることを楽しみながら続ける方法（くせになるランニング）」について書きました。本書の内容は「**コロコロと転がるように人生が好転するランニングマジック**」だと自負しています。


オーストラリアからこんにちは！　ランニングジャーナリストの倉島万由子です。

私は今日も朝いちばんで外に飛び出し、エンジン全開で1日をスタートさせています。

これは52歳になった今の習慣ですが、以前の生活は、今とまったく違うものでした。「起きなきゃ！」と思いながら布団の中でギリギリまで格闘。コーヒーで何とか目を覚まし、滑り込むように会社に到着。しかもタバコをバンバンと吸っていて、いつも眠く、身体がスッキリしない状態。運動とは無縁で、当然ランニングへの興味もありませんでした。


そんな私が、タバコをキッパリとやめ、お腹の脂肪がスッキリし、今では走らないと1日がはじまらないくらい、走ることに夢中になってしまうなんて。人は変われるのです。

そこにきっかけと確実な方法を見つけ出すことができたなら。

走ることへの興味などまったくなかった私が「走ろう」と思ったのは、体重増加を止められなくなったからです。

10kgの体重増加はさすがにまずいと一念発起するも、ジムに行くのは面倒。だから、1

人で手軽にできるランニングをはじめることにしたのです。「こっそりはじめられるし、こっそりやめられる」と、最初から自己防衛までしていました。

このようなスタートですから、なかなか生活には定着せず、体重もまったく落ちませんでした。「やっぱり無理だよね」とあきらめて、体重は落ちないけれど気持ちはガタ落ち。

走ることをやめそうになっていた時、仲の良いお客様から「レースに一緒に出ませんか?」と誘われたのです。一般市民でもレースに出場できることすら知らなかったけれど、「レース」という響きに心が動かされ、お断りする申し訳なさも相まって、レース出場を決めたのです。**それが人生を変える決断になるなんて思いもしませんでした。**

それから、最初で最後の挑戦と思い、心を決め、練習を仕事のようなものとしてスケジュールに入れ、淡々と練習をこなしていきました。夜は突発的な用事が入りやすいので、時間を確保しやすい朝に走ることにしました。

とは言え、最初はせいぜい3㎞走るのが精一杯。けれども**「朝起きて外に出る。そして少しでも走る」ことで、1日の調子がぐんぐんと上がってくるのを感じました。**走り出して数週間すると、5㎞、10㎞と走れるようになる。自分の成長がうれしく、走ること自体が楽しい。なかば義務感ではじめたランニングが、いつの間にか生活に定着していました。

さらに走ることで体力が付き、その体力が自信にもつながりました。体重も少しずつ落ちていき、筋肉が付き体型が変わりました。その後、自分とは無縁だったレースに出場し、完走した成功体験で、私の心と身体、そして生き方さえも大きく変わっていくのです。

それから、仕事で2000年のシドニーオリンピック業務に携わるため、シドニーに駐在。帰任後も国際スポーツ大会に従事しました。その後、走る世界にもっと触れたい思いで、ランナーズ社（現・アールビーズ社）に転職。そこで、日本の市民ランニングを40年以上牽引し、女性ランナーの先駆者でもある、創業者の下条（橋本）由紀子さん（当時『ランナーズ』編集長）と出会います。

彼女のもとで「ランニング」というスポーツを一から学び、ランナーの70％以上が男性という市場で、女性ランナーの拡大に取り組みました。そこから4年、女性参加者が男性を上回る大会をつくることに成功し、その後はうなぎ上りで女性ランナーの数は激増しています。今では女性だけのマラソン大会も開催され、参加枠は抽選で取り合いになるほどです。この現象は日本だけではなく、世界的な現象でもあります。

ランナーたちは、なぜランニングに魅了され、「くせ」になっているのでしょうか？

それは、ランニングのもたらすさまざまな効果を自覚し、走ることで「人生がうまくいっている」からです。**「走るとうまくいく」**のは、偶然ではなく必然であり、脳科学的・心理学的に立証された根拠があります。自分のペースのランニングで、人は身体的にも精神的にも安定し、悩ましい人生の後半を充実したものに変えています（ランニングへの愛と効能については、第1章で詳しくお伝えしますね）。

「本当に？　でも、だまされたと思って走ってみようかな？」

と少しでも思っていただけたのなら、私が水先案内人となり、「走る世界」を案内します。**ここで紹介する内容は、誰でも今日から実践できる内容ばかり**です。「何とかしないとまずい！」と思っていても、今からはじめれば大丈夫。続けられさえすれば、結果は付いてきます。健康で楽しい人生を十分に楽しめるようになります。

本書を読んで走りはじめたら、3週間後にはあなたも「ランニングマジック」にかかっているはず。あなたが「くせになるランニング」を実感し、走ることで満たされた人生を送れるようになることを願っています。

本書では、効果的で実践的な内容にするべく、本文内容・本文イラストについて現役ランナーでオリンピアンでもある友人、ジェシカ・ステンソンにお力添えいただきました。この場を借りて感謝申し上げます。

ジェシカ・ステンソン

女子マラソン2012ロンドンオリンピック/2016リオデジャネイロオリンピック・オーストラリア代表/2022バーミンガム・コモンウェルス大会・オーストラリア代表で優勝。現役ランナーでありながら、アスリート及び市民ランナーのコーチもしている。

第1章

ランニングはいいことだらけなのに、続かないのはなぜ？

第2章

「1週間の時間割にランニングの予定を入れる」ことからはじめよう！

第3章 ランニングで目標を達成しよう！

第4章 理想的な身体は、理想的な食生活から

第5章 大会参加でランニングを楽しみ尽くす

カバー・本文デザイン　喜來詩織（エントツ）
カバーイラスト　セキサトコ
内容協力・本文イラスト　ジェシカ・ステンソン（Jessica Stenson）
画像協力　ガーミンジャパン株式会社
参考文献　『ランナーズ』
DTP　一企画
企画協力　株式会社ブックオリティ

第1章

ランニングはいいことだらけなのに、続かないのはなぜ？

ランニングが続かないのは、あなたの意志力が弱いからじゃない

「走りはじめて6か月以内に走るのをやめてしまうランナーの割合」を知っていますか？何と68％（大手スポーツメーカー・デサント調べ）にもなるそうです。ランニングをこよなく愛する私にとっては残念な数字ですが、続かない理由はわからなくもありません。

「やせるぞ！」と意気込んで走りはじめるも、日々の忙しさや、イマイチな天気や、布団の中の気持ち良さで、「今日はお休み」にしたくなりますよね。もしくは、がんばって走ってみたのに、やせたり、体力がついたりなどの成果を実感できないと、やめたくなるでしょう。25年以上走ることを続けてきた私も、かつては同じでした。

では、**ランニングを「続けられている人」と「続けられなかった人」の分かれ道はいったいどこにあるのでしょうか？**「続かない理由」に注目しましょう。

ランニングが続かない6つの理由

ここで、ランニングが続かない理由としてよく言われているものを挙げます。

❶ 走ること自体が「つらい・キツイ」と感じる

人は苦しいことはやりたくないものです。「苦しい」→「つらい・キツイ」→「もう嫌だ」→「走るのをやめる」という流れは当然です。「自分を追い込む楽しさ」もあるかもしれませんが、**「毎日走らなくてもいい」「ゆっくり走ってもいい」「歩いてもいい」**と、まずは自分が楽しみながら走れる範囲でスタートするのがおすすめです。▼**詳しくは第2章へ**

❷ 走ることが面倒くさくなる

「今日は何時から走ろう?」「どこを、どのくらい走ろう?」と、走る前に考えれば考えるほど、動き出すのが面倒になるものです。走る前には色々と考えないでください。考えなくても歯みがきができるように、考えなくても走りはじめられます。走っている時のほうが頭も冴えるものです。▼**詳しくは第2章へ**

❸ 忙しすぎて、走る時間がない！

「走る時間がない」のは、「走る予定が入っていないだけ」だと思います。

「ランニング好き」を公言する経営者は多いです。想像を絶する忙しさの中で、走る時間を確保しているのです。それほどではないにしても、私も日々を忙しくすごしています。

まずは、その日（週）にやらなくてはいけない要件の時間を確保し、次に「走る時間」と「休む時間」や「予定を入れない余白の時間」を入れます。つまり、「走る時間」をスケジュールに意図的に組み込んでいるのです。

すでにパンパンに入ったスケジュールの空いた時間で走ろうとするから、「走る時間がない」のです。スケジュールを組む際に、他の予定と同列にして「走る予定」を組み込んでおけば、「忙しくて走れない！」とはなりません。

▼詳しくは第２章へ

❹ 走っていて「退屈」だと感じる

私も走っていて「退屈」だと感じることがあります。特にトレッドミル（屋内でランニングやウォーキングをするための器具）で走っている時です。そんな時には、私はアップテンポの音楽を聴きながら走り、その時間をできるだけ楽しい時間に変える工夫をしています。

また、できるだけ自然の多い場所を走るのもおすすめです。たとえば公園や、川沿い、海沿いなどを走り、季節の移り変わりを目で見て、肌で感じていると、「退屈」から気持ちが遠のいていきます。たまには誰かと一緒に走ってみるのもいいですね。1人で走るより楽しく、時間が経つのが断然早く感じることでしょう。▼詳しくは第2章へ

❺ケガなどのアクシデント

「走ることを習慣にしたかったのに、走りすぎてケガをしてしまった」という話も、よく聞きます。私自身、走りすぎてケガをして、半年以上まともに走れなかった（最初の2か月は歩くのも大変なくらい）時期があります。

走れない時間が長くなれば長くなるほど、走ることをそのままやめてしまうこともあります。それを避けるには、**正しく「休む」**ことが必要です。走り出すとうまく休めない人が結構いますが、休むことも練習の1つです。▼詳しくは第2章へ

❻結果を出そうと目標を高く設定しすぎる

「走るぞ！」と意気込むあまり、「1週間に5回は必ず走る」「1か月に100㎞は走る」と大きな目標を定め、それを絶対視すると疲れてしまいます。❶と同じように、「いつか週に5回走るぞ（まずは週に2回から）」「いつか月に100㎞走りたい（今は月10㎞を走ろう）」

くらいの目標で、楽しみながらゆっくりゆるくはじめてください。 **▼詳しくは第3章へ**

この3つを捨てれば習慣化がうまくいく

ランニングが続かなくなる根底には3つの考えがあります。この考えを捨てる意識を持つだけで、継続にぐっと近づきます。

❶意志力に頼ること

「続いている人」がやっていること、それは、意志力に頼らない仕組みをつくることです。気持ちに頼らず、頭で考えすぎない。ランニングを予定の1つとして、スケジュールに組み込むだけ。後はその**予定に沿って、外に出るだけ**です。

「ランニングでやせるぞ！」「ランニングを習慣にするぞ！」という強い気持ちは大切です。心にずっと持ち続けてください。けれども、ランニングをはじめた後は、その気持ちに頼らないでください。

予想外のミーティング、悪天候、疲労など、意志を揺るがす出来事が日常にはたくさん起こるものです。そのたびに「今日も走れなかった……」と反省し、「明日こそは絶対走る!」と心に誓っても、その翌日、「今日もまた走れなかった……」と走れない日々を繰り返してしまうこともあります。気持ちだけで走るのは続かないものなのです。

そうした心の揺れが続くと、走ること自体を避けるようになり、いつの間にか最初にかかげた強い気持ちも消えていきます。

ランニングで目標を達成したいのであれば、最初に**「自分の意志に頼らない」**と心に決めてください。意志に頼らずにランニングを続ける方法については、後ほどご紹介します。

❷ 完璧主義

「今日走るつもりだったけど雨が降ってる……。どうしよう」

ランニングあるあるですが、「どうしよう」と思っている時点で、もう気持ちは「走らない」に向かっているものです。

そんな時は「晴耕雨読」、雨に感謝して別のことをします。スケジュールに縛られすぎると、気持ちが疲れて長続きしません。

「雨が上がったら、午後のどこかで走ろう」という考えもアリですが、「午後のどこか時間がある時に走る確率」は、かなり低いでしょう。その理由は、午後のどこかに時間がないから。また、いったん走らないと決断しているので、気持ちが走るほうに向かわないからです。それなら、**その日はもう「走ること」を考えない**。予定がなかったこととして、リスケジュール（他の日に予定を入れ直す）します。

❸ すぐに結果を求める

たとえばやせることを目標としたら、１kgでも早く落としたいですよね。

私も「やせる」ことを目標に走りはじめたので、毎日体重計に乗っては一喜一憂していました。「（走っているのに）５００g増えた！」とガックリしたことも多々ありました。よくよく考えれば、**５００gなんて誤差のようなもの**です。水を１ℓ飲めば１kg増えるし、脂肪が減って筋肉が増えていたとしたら、５００g増えても喜ばしいくらいです。

細かい数字はあまり気にせず、予定通り走る。そうして続けていけば、結果はついてきます。心にゆとりを持って、走ることを楽しんでください。

「続ける」からこそ成果が出る

ランニングをはじめて思ったように結果が出なくても、続けていれば必ず結果が出ます。

走れない時があっても大丈夫です。走れない日があれば、調子の良い日（週）もあるものです。調子の良い日に、少し多めに走ってみたり、調子の良い週に走る日を追加したりすれば良いのです。**短い距離しか走れなくても、しばらく走れない時期があっても、細かいことは気にせず続けていれば、結果は出てくるもの**なのです。「流した汗は裏切らない」という有名な言葉の通りです。

「続けるからこそ成果が出る」ことは、語学学習やＳＮＳの運用など、走ることだけではない多くの事柄に通じていますよね。

「走ることが元々好きではじめた」わけではなくても、それができるようになりたい一心で方法を探り、続けていくうちに楽しくなります。なぜなら、ランニングは身に付けると良いことばかりだから。続けるからこそ成果が出る。ぜひ、続ける意味を知って新しい自分と出会ってください。

さあ、今ここで、走る扉を開きましょう！

「ランニング好き」がひたすらランニング愛と効能を語ってみる

それでは、走ることがくせになると、どんないいことがあるのでしょうか。

人が幸せを感じるのは、「①身体的に健康で、②チャレンジ精神を満たし、③ありのままの自分を受け入れ、④人と比べない自分らしさをもつ」という要因がそろった時です。

じつは、ランニングはこれらの**「幸せの要因」を引き寄せる**魔法のスポーツです！

ここでは、ランニングがもたらす効能をご紹介します。ランニングをダイエット目的ではじめた人でも、それ以外のさまざまな恩恵も享受することでしょう。

［ランニングの効能一覧］

やせる／引きしまる P26	肌がキレイになる P30	生活習慣病のリスクが下がる P31
身体年齢が若返る P32	睡眠・覚醒の周期が整う P33	ストレスに強くなる P34
マインドフルネスになる P36	ありのままの自分を認められる P37	やる気がアップする P39
記憶力が上がる P40	集中力が上がる P41	アイデアが湧く P42

走るとやせる！

走ってやせるは大正解！

走りはじめた理由でダントツに多いのは、「やせたい」「身体を引きしめたい」です。

そして、その「走ってやせよう」という考えは正解です。**「走ってやせるメカニズムを正しく理解して」走るとやせます。**走るのを継続することで、結果はきちんとついてきて、リバウンドしにくい身体になり、シェイプアップし、さらにその状態をキープできます。

まずは、走ることでやせた私の変化を見てください（次ページ写真）。

私は仕事をはじめてから、運動とは縁遠くなりました。しかも外食が多くなり、栄養過多。「これはさすがにマズイ！」と、「食べない」という極端な選択をしてしまいました。

Before

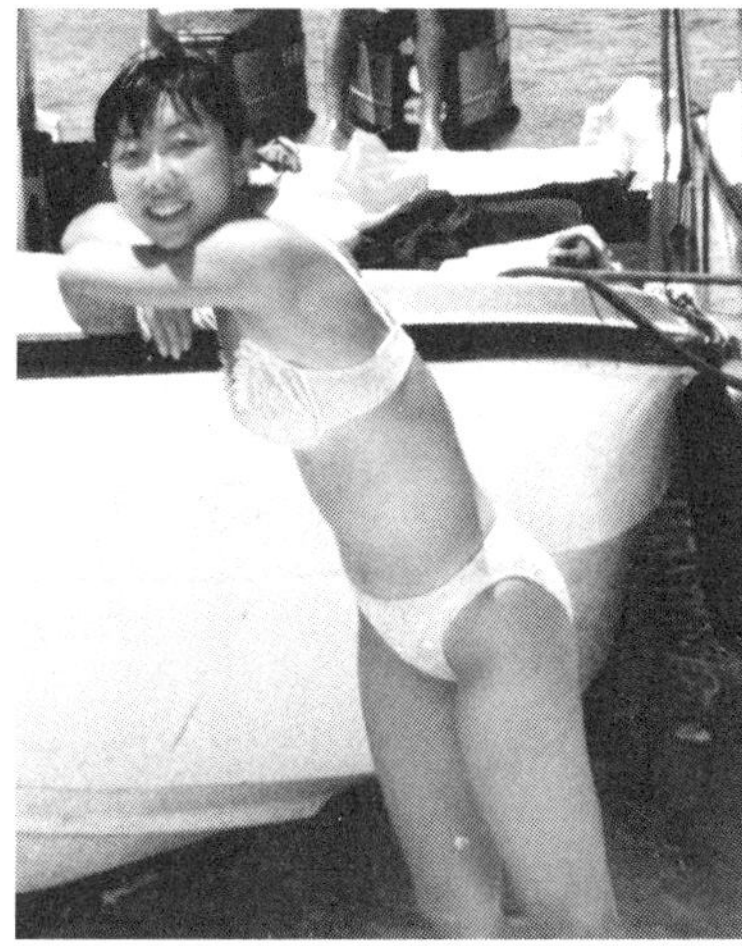

▼

After

食事を減らす（もしくは抜く）ことを数か月続け、体重を落とすことには成功しました。しかし、これは一時的に体重を落とすことに成功しただけ。しかも貧血の状態が続くようになり、いつも体調が悪い。気がついたら、体重もまた元に戻ってしまいました。もっとも、体内に取り入れる食事量を変えただけで、基礎代謝などの身体自体はまったく変わっていません（逆に悪くなった）から、当然です。

しかも年を取っても若い頃と同じ生活スタイルを続けると、基礎代謝が落ちている分、太りやすくなってしまうという残酷な現実も待っています。

体重をキープしながら健康であり続けるためにも、「やせるメカニズム」を理解して、スケジュールに**「走るための余白」**をつくってください。走ることで、確実に身体は変わります。食べたものをよく消費し、丈夫で強い身体になります。それはなぜでしょうか？

走ると、基礎代謝も消費エネルギーも上がる

基礎代謝の2割は筋肉の中で行なわれます。走ることで、特にお尻や太もも、ふくらはぎなどの足腰回りの筋肉が付きます。

全身の筋肉量の60～70％は下半身が占めるため、**下半身を重点的に鍛えるランニング**は、基礎代謝を上げるのにとても大きな効果があります。

アスリートは普通の人よりも筋肉量が多いので、一般的に100～150㎉ほど同じ年代の人よりも基礎代謝が良く、消費エネルギーも大きくなります。

まだまだある！　走るとやせやすい身体になる理由

走ることで筋肉が付き、基礎代謝が上がってエネルギー消費量も増える。これだけでも

すばらしいことですが、「走るとやせやすくなる」理由は他にもあります。**脂肪は、動かした部分から落ちる**からです。腕や脚の筋肉を大きく動かすランニングは、ウォーキングより多くの振動を身体に与えるため、脂肪が比較的落ちやすいと言えます。

走れば血行も良くなり、胃腸などの内臓の動きが活発になります。栄養素が身体の隅々まで行き渡り、代謝が促進されるのも、やせやすくなる理由でしょう。

また、走ることを継続する中で少しずつ肺活量も向上し、酸素が身体に行き渡りやすくなれば、何もしなくても消費できるカロリーが多くなるのです。何て好循環なのでしょう！

走ると身体が変わる！

肌がキレイになる！

肌を潤わせるには、水分が十分に供給されていることが大前提です。汗は、自身の体内から出る水分なので、細胞への浸透度も高く乾燥を防いでくれます。

また、「水を飲む→汗をかく→水を飲む→汗をかく→水を飲む→……」というサイクルで**体内の水分がどんどん入れ替わり、リンパの流れが良くなり、体内のよどみを防ぎます。**

走っている人は実感しているかもしれませんが、走った後の汗はサラサラしていてにおいもありません。しかし、体調が良くないと汗もねっとりしていて、においの原因にもなります。レースでは何千人、何万人という人々が汗ダクダクになって走りますが、においを感じることはほとんどありません。

生活習慣病の死亡リスクが45％も低下する

人間の寿命は、遺伝25％、環境75％で決まると言われています。アンチエイジングとは、「健康寿命を延ばすために、加齢による身体の衰えを防ぐ行為」を指し、「いかに若く見られるかを重視すること」ではありません。

身体機能は、20代をピークに低下します。つまり何もしないと、太るだけではなく、身体が弱くなり生活習慣病に陥りやすくなるのです。

では、日常的に走っていると、その状況はどのように変わるのでしょうか？　アイオワ州立大学の研究結果によると、日常的に走っている人はまったく走らない人に比べて、脳卒中や心疾患による死亡リスクが45％も下がるそうです。**週に10㎞走るだけでも、死亡リスクが30％下がる**という結果も出ています。

また、ランニングで足腰の筋力も大きくアップするので、いくつになってもどこにでも人の手を借りずに行ける、健脚が手に入ります。

身体年齢マイナス15歳も夢じゃない！

「最大酸素摂取量（VO2max）」という、全身持久力の指標があります。「1分間に体内に取り込まれる酸素の最大量」を示し、この値が大きいと、次のようなメリットがあります。

・肺が酸素をより効率的に取り込んで、血液として送り出せるようになる。つまり、心臓が1回に送り出せる血液の量が増え、安静時に心拍数が下がるため、**心臓や血管への負担が軽減**される

・ランナーにとっては、筋肉に供給できる酸素が増えることから、**ワークアウトの強度が上がっても、スピードを上げられる**ようになる　など

最大酸素摂取量（VO2max）は、20歳でピークになり、年々低下すると言われています。まったく運動をしない場合、最大酸素摂取量（VO2max）が低下し（心肺機能が低くなり）、80歳を超えると自立困難なレベルに達してしまいます。ランニングを日常的にすると、その落ち幅が20～40％緩やかになり、**生涯を通して健康体を保つ**ことができるのです。

また、ランニングによって脳を良好な状態に保つことにもつながります。高齢者の心肺

機能が高いほど、高度な認知機能に重要な、海馬を含むさまざまな脳の領域が活発になることが多くの研究でわかっています。

日常的に走れば、脳の力が高まり、それを維持できる。結果、健康寿命が延びるのです。

睡眠・覚醒の周期（体内時計のリズム）が整う

体内時計のリズムによって、人間の血圧・体温・ホルモン分泌はコントロールされています。朝起きて、外に出て太陽の光を浴びることで、体内時計のリズムは整います。

体内時計のリズムが乱れると、望ましい時間の睡眠・覚醒ができなくなり、眠気や頭痛・倦怠感・食欲不振などの不調が生じます。

朝の空気が気持ち良いと感じたことは、きっと誰にでもあるでしょう。そこに朝ランを加えると、すがすがしさは、さらに倍増。睡眠・覚醒を上手に切り替えられるようになり、**自然な眠り**ができるようになります。

早朝は、比較的邪魔が入りにくい時間帯です。太陽の力を最大限に受けられる朝の時間に走る予定を入れて、自身のスケジュールをアップデートしてみてはいかがでしょうか？

走ると心が変わる！

ストレスに強くなる

仕事・家事・勉強・育児・介護……とやらなければならないことが山盛りの毎日。けれども、家族との時間や自分のための時間も必要。そのあわただしさに疲れてしまったり、日々の生活は充実しているのに眠れない日々が続いたり。そんな経験はないでしょうか？

じつは私も、見えないストレスをうまく処理できず、動悸《どうき》が止まらなかったことがあります。そこで私は仕事からいったん離れ、生活習慣を改めることにしました。その1つが途切れがちであったランニングをスケジュールに入れることでした。

「朝、早く起きる→走る→日々のことを行なう→早く寝る」という1日の流れを決め、忠実に日々をすごしていきました。徐々におだやかな1日をすごせるようになり、気がついたら動悸もなくなっていました。

それまでも走るすばらしさをランニング専門誌『ランナーズ』の読者の方に伝えていましたが、この経験のおかげで、改めて走ることの恩恵を知ったのでした。

私の動悸の原因は、「ストレスホルモン」と呼ばれるコルチゾールの血中濃度が常に高くなっていたことでした。通常、海馬がコルチゾールの血中濃度が上がるのを抑えてくれますが、それが1日中高い状態にあると、海馬が萎縮し、本来の力を発揮できなくなります。無気力になったり、集中力がなくなったりします。私のように動悸がすることもありますし、うつの症状を訴える人もいます。

では、**走ることで負の心の状態が上向きになる**のはなぜでしょうか？　それは、走ることで「ストレスに対して過剰に反応しない身体」につくり変えられるからです。

じつは走ること自体は、身体にとって一種のストレスとなります。走っている間はコルチゾールが放出されているからです。しかし、運動を終えた後には、コルチゾールの血中濃度は下がり、ストレスに強い状態へと変換されます。また、うれしいことに、次回のランニングからは、コルチゾール値の上昇幅が低くなっていくのです。

そのうえ、走ることで発生するマイルドなストレスは、体温を上げ、セロトニン・ドーパミン・ノルアドレナリンなどの神経伝達物質を分泌させます。それによって、脳の覚醒レベルが上がり、気分が前向きになります。

ランニングは、脳がつくり出す「ストレスがストレスを呼ぶ負の連鎖」を断ち切り、海馬をはじめとした脳の各部位を活性化させます。そして、身体的にも精神的にも健康な状態へと導いてくれます。

走りながらマインドフルネス

私はランニングを**「動」の瞑想**であると伝えています。瞑想とは、雑念を振り払い、心を平穏な状態にするため、頭の中をできるだけ空っぽ（無）にすることです。ヨガでは、静かに呼吸に集中する「静」の状態で瞑想状態を導きます。

この無の状態に導く手段の1つに、瞑想とは対極とも思われる「ランニング」があります。走っている時、特にレース中は、一歩一歩足を前に出すことのみに集中しています。意識が足とゴール地点にしかない、ほぼ無の状態です。

日常のランニングでも、たとえば、「風が冷たい！」「コーヒーのいいにおいがするな」

「足が少し重いな」など、雑念から解放され、今起きていることに集中できます。

小さな心の反応ですが、日々の不安や雑念が消えて「今この瞬間」に集中する、マインドフルな状態にあるということです。マインドフルネスは脳の疲労を取り、集中を促し、幸福度を高めます。「動」の瞑想は効果絶大なのです。

走ることで、ありのままの自分を認める

ランニングは基本的に個のスポーツですから、プロのアスリートでない限り、他人と比べる必要はありません。

比べるとしたら過去の自分。走る中で、現在のありのままの自分を受け入れ、そこに自分らしさを見つけたり、今の体調や気持ちといった、今の自分を再認識できたりします。

昔ほど速く、長く、軽く走れなくても大丈夫。ありのままを認識し、今の自分を見つめることを楽しんでください。走っている間に分泌されるドーパミンやアドレナリンが、自分へのポジティブなイメージを強くしてくれます。

走ると脳が進化する！

動くことをやめたら、脳はどんどん退化する！

あなたは今日1日をどのようにすごし、どのくらい身体を動かしましたか？

・デスクワーク中心の仕事やテレワークで、座っていることが多い
・階段は使わず、エレベーターやエスカレーターを探している
・車が移動手段の基本
・週末は、家でゴロゴロ。スマホと常に一緒

このような「動かない生活」を送っていたら赤信号です。何もしないと脳は日々退化し

ます。身体を動かすことで脳にスイッチが入り、活性化されます。いわば、何もしない生活は、脳のスイッチを切ったままの状態で、これでは脳の衰えを加速させるだけです。

走って、やる気・モチベーションアップ

走っている人は、老若男女問わず何かにチャレンジしている人が多い印象があります。「朝20分走ろう」という小さな「やってみよう」から、「フルマラソンで3時間を切る！」という大きな「チャレンジ」まで、さまざまな「夢」があります。夢を追うことでも放出されるドーパミンの働きによって、日々のモチベーションが上がっていきます。

私は週に2日、息子とランニングクラブの早朝練習に参加しています。

自分1人では息が切れるまで追い込めないので、この練習を良い機会にと、練習会は必ずスケジュール帳に書き込み、予定をブロックします。

早朝の練習はキツく、おっくうになることも多々ありますが、練習後の爽快感や、みなぎるやる気を得るために、毎週参加しています。ゼエゼエするまで心拍数を上げた練習後は、いつもの1人での練習の後よりも大きなやる気がみなぎるのです。

ランニングクラブでのスピードトレーニング（筋力や心肺機能に負荷をかけ、走るスピードを速くするトレーニングのこと）では、何度も心拍数を上げるので、マイペースですることの多い1人でのランニングよりも多くの脳内細胞が増加しています。有酸素運動は、神経伝達物質を多く放出させるとともに、心拍数を上げることで脳内細胞が増加し、脳がより活性化することが研究で実証されているのです。

走ると記憶力が上がる！

ランニングをすると、主に「海馬」と「前頭葉」が鍛えられます。

海馬は記憶力、前頭葉は脳の司令塔として判断・思考・計画・感情などを司ります。定期的に適度な運動をすることで、海馬や前頭葉が成長することが多くの研究で証明されています。脳は25歳をピークに0.5〜1％ずつ小さくなっていきますが、『米国科学アカデミー紀要』に掲載された研究によると、定期的に有酸素運動をしている人は、定期的に運動していない人に比べて、海馬の体積が2％増加していることがわかっています。

また、米国メリーランド大学の研究では、有酸素運動で新しい神経細胞と血管の成長が促されると、脳組織の体積が増加することも明らかになりました。

60代後半のグループを対象に、ど忘れする頻度を測定したイギリスの研究では、有酸素能力（運動中に酸素を取り込み、エネルギーをつくり出す能力）の高い高齢者は、**単語や名前をど忘れする確率が低い**ことがわかりました。走ることは、仕事や勉強の効率が上がるだけでなく、幸福度が高まる生涯スポーツなのです。

集中力が上がる！

走ることでドーパミン・セロトニン・ノルアドレナリンなどの神経伝達物質が分泌されるという話をしましたが、この中のドーパミンには集中力を高める働きもあります。

運動をした直後にドーパミンの分泌量が増え、数時間その状態が続きます。運動後にやる気が出る仕組みと似ていて、頭の中がとてもスッキリして集中力が高まります。

朝走った日と走らなかった日では、日中の集中力に差が出るので、**走るスケジュールに合わせて、日々のタスクを振り分ける**のもおすすめです。たとえば私は、「考える」「まとめる」など、頭をフル稼働しなければならないタスクは走る日に振り、統計や資料探しなど、手順に沿ってできるような仕事は走らない日に振っています。

アイデアが湧く！

「歩きながら考えると、良いアイデアが浮かぶ」と耳にしたことはありますか？

Apple創業者のスティーブ・ジョブズ氏、MetaのCEOのマーク・ザッカーバーグ氏、Twitter（現X）創業者のジャック・ドーシー氏が散歩ミーティングを推奨していたのは有名な話です。スタンフォード大学の研究からも、人は座っている時よりも動いている時のほうが、約60％強も高い創造性を発揮することがわかっています。

この結果を、私も深く実感しています。パソコンの前で考えていて行き詰まった時、「これ以上何も出ません！」と白旗をあげ、ランニングに逃避して仕切り直しているからです。「さあ、考えるぞ！」と気合を入れてから走り出さなくても、**走っている間に何となくそのことを思い浮かべます**。そうしていると、ふっとアイデアが降ってくるのです。行き詰まった時はぜひ走り出して、その効果を実感してみてください。

そのような、創造性や集中力を上げるための「ながらラン」は、「デュアルタスク・トレーニング」と言います。集中力を司る前頭葉は、継続してランニングをすることでも鍛えられますが、デュアルタスク・トレーニングでより効果的になります。身体と脳に適切な負荷を同時に与えることで、前頭葉をより活性化できるのです。

ただし、くれぐれも全速力では走らないようにしてください。効果を最大化するには、**無理のないペースで、よく知っている馴染みのコースを走るのがおすすめ**です（どこを走ろうなどと考えず、できるだけ頭を使わないように）。

トロント大学の研究によれば、**年収が高い人ほど、身体を動かすことに熱心に取り組む**傾向にあるとのこと。たしかに、医者・弁護士・経営者のランナーは多い印象があります。身体を動かすことで元気な肉体を手に入れ、脳力もアップ。しかもドーパミンやセロトニンの放出で気持ちも前向きに、意欲も出る。その結果が仕事の成果と結びついていると考えると、「走る人は仕事ができる」ことは、不思議なことではないですよね。

脳を進化させるには、「話せる速度」で30分走る

ランニングをした後の集中力や意欲の向上は、走った後すぐに実感できます。運動強度が60～80％（話しながら走るなど、何か他のことをしながらのランニング）で30分くらい走ると、最も効果が出ると言われています。ですが、集中力が定着するまでに時間が必要なので、

［目標心拍数の計算］

目標心拍数＝（最大心拍数－安静時心拍数）×運動強度＋安静時心拍数

※最大心拍数＝220－年齢

※健康な人の安静時心拍数：60 ～ 80

例）40歳成人の場合（安静時心拍数を70とする）の計算

最大心拍数：220－40＝180

目標心拍数（下限）：（180－70）×0.6＋70＝136

目標心拍数（上限）：（180－70）×0.8＋70＝158

心拍数「136 ～ 158」を維持する

数か月はじっくり取り組みたいですね。

運動強度は心拍数を参考にしてください。目標心拍数は、**「（最大心拍数－安静時心拍数）×運動強度（0.6～0.8）＋安静時心拍数」**で計算できます。最大心拍数は、「220－年齢」で計算してください（上の図を参照）。

年齢ごとの目標心拍数の目安としては、20歳は146～173、30歳は140～165、40歳は136～158、50歳は128～149、60歳は122～141、70歳は116～133あたりとなります。

ランニングは、楽しむと続く

私は練習を続けていくうちに、だんだん走れる距離が長くなってきたり、ウェアにこだわったりして、ランニングがどんどん楽しくなっていきました。楽しくなってきたから走る習慣がついて、今では、走らないと1日がはじまらないようになりました。

なので、「集中力を上げたい」「体内時計のリズムを整えたい」と、ここで挙げたさまざまな効能を享受することを、最初から目指していたわけではありませんでした。ランニングをはじめてから、**「何か調子がいいな」**と思うようになったのです。どうやら、その「調子の良さ」は、仕事がはかどり、よく眠れるようになったことなどから来るようでした。

ランニング自体の楽しさや気持ち良さに加えて、「調子の良さ」を実感するために、さらにランニングに夢中になりました。楽しんでいれば、いつの間にか習慣化して（私は楽しく走っていたら、気づけば地球2周を走っていました）、結果も自ずとついてくるのです。ぜひランニング自体の楽しさも感じてみてくださいね。

column

1 走ると、子どもも集中力がアップする

普通の小学生の息子でも、練習や週末のレース後、びっくりするくらいの集中力を見せることがあります。

学校の課題に追われていた息子を連れて、息抜きにと週末のトレイル練習に参加した時のことです。雨が降ったりやんだりする朝でしたが、ちょうどスタートの時間で雨が上がりました。雨が降ったおかげで緑のにおいも色も濃く、幸運にも野生のカンガルーやコアラにも遭遇し、最高のトレイルラン、最高の1日のスタートになりました。

家に戻っても、その力は大いに残っていたらしく、息子は戻るなり宿題に取りかかり、あっという間に宿題を終わらせました。子どもがいったん集中したら、その集中力はすごいですね。本人もその力がランニングから来るのを実感したようで、やらなくてはいけないことは多くても、気分が乗らない時にはランニングシューズを履くようになりました。ランニングが気持ちを変えてくれるかもしれないと、走る習慣の中で感じ取ったのです。

第2章

「1週間の時間割にランニングの予定を入れる」ことからはじめよう!

走ることを癖《くせ》にする「くせラン」の第一歩を踏み出そう！

次に、「ランニングが楽しくなって続いてしまう」４つのポイントを伝授します。この、**「走ることを楽しみながら続ける方法」**を、本書では「くせになるランニング」、略して**「くせラン」**と呼んでいます。

ランニングが楽しくなって続いちゃうコツ！　４つのポイント

①ランニングの時間を予約する！
②決めた時間に外へ出る！（走らなくてもＯＫ）
③「走った自分、えらい！」（ほめる）
④宣言する！　仲間を巻き込む！

①ランニングの時間を予約する！

まずスケジュール帳を開き、30分ほど時間が取れる日時を探してください。

最初はランニングをくせ付けるためにも、1週間に3回走ることが理想です。ポイントは**1週間に3回（難しそうなら2回）を、できるだけ同じ時間帯で見つけること**です。そうすると、走る日のルーティンをつくりやすくなります。

私のおすすめは朝の時間帯です。日中は他の用事が入りやすく、1日の終わりは、同僚からの「ちょっと一杯」のお誘いや1日の疲労で、予定が飛んでしまう可能性があるからです。また、第1章で述べたように体内時計のリズムも整いやすくなるため、1日のはじめに時間を確保したいところです。

「朝は起きられない！」という人も安心してください。まずはスケジュールに入れることが大事なので、基本は1週間のうちいつでもOKです。自分のスケジュールやライフサイクルで決めてください。

スケジュールを組むポイントは、第1章の通り、「外せない予定の確保→空白の時間の確保」をしてから、「走る時間」を見つけることです。

「ランニング」とスケジュールに書き込み、視覚化

次にやるのは、スケジュール帳にしっかり「ランニング」と書き込むことです。たとえば理想のモデルや女優の写真を貼り付けるなどして、なりたい自分を頭に浮かべ、ワクワクしながら書き込んでください。すべては妄想からはじまります。

また、打ち合わせや歯医者の通院、飲み会といった他の予定と並べてスケジュールに書き込むことで、脳が他の予定と同じようにランニングを認識するようになります。

打ち合わせや歯の治療は、気持ちが乗らなくても、準備が万全でなくても、その時間になったら、その予定をこなしますよね。万が一、体調が悪くて予定をこなせない場合は、別の日に振り替えるはずです。ランニングもそれと同じで、時間がきたら準備をして外に出る。**万が一休みたくなったら、別の日に振り替えればいい**のです。

大事なことなので繰り返しますが、**続ける秘訣は、スケジュールに書き込み、淡々とスケジュールに従って走ること。**それがいつの間にか「走るくせ」に変わっていきます。

私も自分の意志力を信頼していません。楽しいお誘いがあったら、それを断ってまで走ることを選べないからです。心は常に楽しいほうへ、楽なほうへと動いていきます。ただし、キャンセルしたランニングの予定はそのままにせず、空いている時間を探し出してリスケジュールします。ただそれだけで、私は25年も走り続けられているのです。

1週間のうち、走ることに割ける時間を見つけ、スケジュール帳に「ランニング」と書き込みましょう。

今ある予定にくっ付けてルーティン化

今すでにルーティン化していることを思い浮かべてください。ランニングをルーティンにするには、すでに習慣にしている行動にくっ付けると定着しやすくなります。習慣になっている行動は、大して何も考えずに行動できていますよね。たとえば歯みがきや、朝シャワー。ランニングをそれにセットすることで、頭を使わずに取り組めます。

私の場合、「起きる→トイレ→歯みがき→着替える→走る」をワンセットにしています。このおかげで決断しなくて良いので、心に負担がかかりにくくなります。

急な要件が入り、通常のルーティンから少し離れてしまう時には、可能なら、ランニングウェアを着てルーティン外の予定に取り組みます。たとえば、ランニングウェアを着て予定をこなし、終わり次第走り出すという感じです。**ウェアを着ていることで、ランニングを「今日の予定」に引きとどめます。**「それだけでランニングが続くの？」と思われるかもしれませんが、これが意外と効くのです。

今ルーティンになっていることは何ですか？
その中で、ランニングをくっ付けられそうなものはありますか？

週末こそ、走る予定を朝いちばんに入れてみる

平日は、仕事や学校といった動かせない予定が詰まっていても、週末なら自由な時間が増えるのではないでしょうか。

休日となると、ゆっくり寝て、遅めの朝を迎えがちですが、思い切って週末の朝いちば

んにランニングを入れてみるのもおすすめです。

ランニングクラブの練習会も、週末の朝いちばんで行なわれるところが多いようです。仲間と汗をたくさんかいて走り切ると、スッキリさわやかな気持ちになれます。大満足で練習が終わっても、まだ朝の10時くらい。自由な時間はたっぷり残っていて、しかも走って、集中力・記憶力・発想力といった「脳力」が最高に発揮される状態になっているので、やりたいことがどんどんできてしまいます。

週末の朝イチのランニングは、1日の充実度がそれはそれは上がります！　だまされたと思って、ぜひ「週末朝ラン」をしてみてください。

週末の朝に、ランニングの予定を入れてみましょう。

②決めた時間に外へ出る！（走らなくてもＯＫ）

前日の準備で、面倒くささが消える

ミーティングがスケジュールに入っていたら、あなたの意志にかかわらず、必ず参加しますよね。それと同じで、走る時間をスケジュールに入れたら、後はスケジュールに沿って行動するだけです。時間になったら、頭であれこれ考えず、シューズを履いて外に出てください。しっかり走るか、ゆるく走るかは、外に出てから決めれば良いのです。

決めた時間に走るために、ランニングウェアを準備しておきましょう。

私は早朝に走る予定のある時は、**前日の夜までにウェアを準備し、ベッドの隣に置いておきます。**キャップやサングラスは（冬は手袋やウィンドブレーカーなども）バッグに入れて玄関のシューズの隣に準備して寝ます。1人での練習の時も同様です。

そうすると、翌日起きた時、何も考えなくても着替えができます。仕事着で仕事モードに切り替わるのと同じように、ウェアを着るだけで、眠い朝でもランニングモードに入っていけます。

ランニング用のウェアは、湿気の多い日本の夏でも乗り切れるようにつくられています。冬も同様で、ランニング用のウィンドブレーカーは、軽量で雨風をしのげる快適なつくりになっています。ランニング用のウェアはもちろんおすすめですが、最初はウェアにこだわらなくても、動きやすい格好なら何でも良いです。

ただし、シューズはランニング用を着用してください。せっかく走りはじめたのに、ケガで断念してしまうのでは本末転倒ですから、事前に防止しましょう。**他のランニンググッズは後からそろえても問題ないですが、シューズだけはまず用意してくださいね。**

ウェアやシューズは、走るあなたを相棒として支えて守ってくれます。走った後はシューズの底の減りを確かめ（ケガにつながりますので）、汚れていたら洗ってあげるなど、相棒を大切にしてあげてくださいね。

▼**詳しくは86ページへ**

気持ちが乗らない日も、ひとまず「外に出る」

「眠くて走る気分になれない」「寒くて外に出たくない……」。そのような葛藤は、よくわかります。

私も「よっしゃー、走ろう！」と、エネルギッシュに走りに出ることは、ほぼありません。雨が降ってくれようものなら、走らなくて良い「言い訳」ができたと思ってしまいます。

そんな意志力皆無の自分だとわかっているので、できる準備は事前にしておきます。走る日は目覚ましが鳴ったら、考えずに、トイレに行って歯をみがいてウェアに着替えます。そして、まだクリアでない頭のままシューズを履いて外に出ます。**「頭で考えない」**が大きなポイントです。流れに任せてください。

ここまでは何も考えないようにしましょう。外に出ても気持ちが乗らなかったら、そこで「今日は走らない」ことを決めます。「絶対その日に走らなくてはならない」という気持ちは捨ててもいいのです。

ただし、「走らない」ことを判断するタイミングは外に出てから。外に出ても気持ちが乗らなかったら、「走らない」と決めて、即帰宅・二度寝もＯＫです。しばりすぎず、ゆるめすぎず。自分なりのちょうどいい塩梅を見つけてください。

なぜ、「外に出てから決める」をおすすめするのか？

外に出てから走るかどうかを決めるのは、太陽の光を浴びてもらいたいからです。

第1章でもお伝えしましたが、太陽光を浴びることで、睡眠・覚醒のリズム、血圧、体温などと密接な関わりを持つ体内時計が整えられます。太陽の光で「幸せホルモン」と呼ばれる脳内伝達物質・セロトニンが分泌されます。

セロトニンはストレスを取り除き、心を安定させます。また、日光浴により、免疫力を維持するビタミンDが生成されます。ビタミンDによって皮膚機能が向上し、乳がんの予防にもなるという研究結果も出ています。ビタミンDはカルシウムの吸収を良くするので、骨や歯を強くしてくれます。午前中につくられたセロトニンは、午後にメラトニンに変わります。メラトニンとビタミンDは、肌の細胞を美しく保つ効果もあります。

もう書き出すとキリがないくらい、**太陽の光を浴びることは心身に良い影響を与えます。**走らないと決めた日でも、太陽の光を浴びるだけでもセロトニンが分泌されますから、外に出て浴びておいたほうが良いでしょう。

家の中と外は別世界。走るか走らないかは、ぜひ外に出てから決めてください。

まずは、「歩いてみる」だけでもOK

さあ、外に出ました。太陽の光を浴びて、気持ちが少しでも前向きになったら、歩き出してみてください。

準備体操がてら歩きながら腕を回したり、スキップをしてみたり。外の世界に身体をなじませ、心と身体をほぐしながら歩いてみる。まずはこれでOKです。

ウォームアップは忘れずに！

ランニングにおけるウォームアップとは、「ダイナミックストレッチや、ウォーキング・ジョギングで、身体をあたためる運動」のことです。▼詳しくは87ページへ

身体がほぐれてきたら、ゆっくり走り出しましょう。最初から飛ばしても大丈夫な人、最初はまったく足が上がらない人、本当に人それぞれです。

作家の村上春樹さんが『走ることについて語るときに僕の語ること』（文藝春秋）で、最初はいつもノロノロとしか走れず、自分よりかなり年上のランナーにいつも抜かされてしまうということを書いていました。私もそのタイプです。身体の立ち上がり（走りはじめて

から身体が軽くなるまで）に時間がかかる人こそ、じっくりゆっくりウォームアップをしましょう。

もちろん最初から飛ばせる人でも、いきなりスピードを出すのは心肺にも足腰にも良くありません。ウォームアップは必ず行なってください。人それぞれですが、私は汗が出てくるのをウォームアップ完了の目安としています。冬なら身体があたたまってきた実感が出てきたくらいです。

ウォームアップで身体があたたまると、あるタイミングでグッと身体が乗ってきます。**身体の中にあった鉛《なまり》がなくなったみたいな、身体も足も軽くなる感じ**と言えば良いでしょうか。自分のタイミングで、ウォームアップから本走りに切り替えてください。ペースを上げると気持ちも乗ってきます。

走り終えた時のクールダウンもできればしてほしいです。朝の30～40分ほどの練習であればやらなくても大丈夫ですが、ロング走や、プッシュした練習の後は、軽いジョギング（歩くだけでも良い）を数分入れるとベターです。

また、日によって身体の調子は変わるので、その日の調子に合ったウォームアップを行なってください。少しずつで構いませんので、心と身体を走る状態に持っていきましょう。

私は「今日はゆっくりでいいや」と思って走りはじめていても、最後の1㎞は全速力になっていることも多々あります。きっと気持ちが上がると、チャレンジ精神に火がつくからかもしれません。そういう日は、いたって爽快に走り終えることができて、アクセル全開でその後もすごせてしまう、うれしい1日になります。

まずは、家が起点の周回コースを走ってみましょう

初心者ランナーにおすすめするのは「周回」コースです。なぜなら、走り出したけれど、思った以上に身体が重く感じたり、気分が乗らなかったり、雨が降り出したりした時でも、**途中でやめられる**からです。折り返しのコースで遠くまで行ってしまうと、戻るのが大変な時があります。

その点、周回コースなら10周の予定を5周にするなど、臨機応変にメニューを組み替えられます。特に、少しずつ距離を延ばしている時は、周回コースだと1周、2周と、伸ばした距離がわかりやすく、自分の成長を感じられるのも良いですね。

いざ走るとなると、どういうコースで走ればいいか迷ってしまうかもしれません。ラン

ニングは日々習慣にしてこそ効力を発揮しますから、まずは、家の近くでルーティンコースをつくってください。

コースをつくるポイントは、**「できるだけ信号がない」**こと。川沿いや公園の周回コースもおすすめです。そうした場所は走っている人が多いので、気持ちに張り合いが出ます。また、仲間（心の仲間も良いですね）を見つけて走るほうが、1人で黙々と走るよりも距離を感じないものです。

そのコースが習慣化され、決まった時間に走っていると、同じくそこをマイコースにしているランナーとよく会うようになります。いつしか顔見知りになることもめずらしくありません。

ランニングのコースとして「聖地」と言われるコースに繰り出すのも良いでしょう。私も東京の「聖地」である皇居ランは大好きです。お住まいの地域の「聖地」で走るのも楽しいものです。

ペースは自分の走力とその日の体調を把握して決める

ペースは人それぞれなので、まずは自分がどれくらいの速さで走れるのかを把握するところからはじめましょう。走力を知るためにも、スマートウォッチがあると便利です。
たとえば、最初から速いスピードでウォームアップをスタートできる人もいれば、スピードを出せるようになるまで15〜20分くらいかかる人もいます。**人と比べず、自分のペースで身体を起こしてあげてください。**

何度か走っていると、自分のペースもつかめてきます。「身体が重いな」と思いながら走っている時は、スピードはいつものように上がっていないけれど、心拍数が高くなっていることが多いです。反対に、気持ちよくスピードが上がっている時は、それほど心拍数を上げずに走れます。

ペースは経験値もありますが、体調や疲労度などによって、大きく変わってくるので、その時の自分の心拍数を確かめて（身体の声を聞いて）、走りやすいペースで走りましょう。

③「走った自分、えらい!」(ほめる)

「できた」時は自分に大きなマルを出す!

「もう少し寝ていたかったけれど、とりあえず外に出て走った!」「走る気持ち良さを、はじめて知った!」「はじめて10分走り続けることができた!」など、できたことに対して自分に大きなマルを出し、自分をほめてあげてください。ほんの小さなことでもOKです。そして、できたこととその時の気持ちを、ノートやパソコンに書き残してください。

たとえば、ゼエゼエしながら自分を追い込んで、今まででいちばん長い距離を続けて走れた時は、「やったー!」と短いコメントを入れて、走った距離を記入します。改めて別のノートやパソコンに記録するのは面倒なので、スケジュール帳にちょっとしたメモを残すのも良いですね。

それは、「できた！　うれしい！」という気持ちを大事にしたいのと、後々スランプに陥った時に読む、ランニングのうれしい記録として残しておくためです。

今日「できた」ことと、その時の気持ちやタイムをスケジュール帳にメモしましょう。

小さなゴールをいくつか設定して、「できた」を積み重ねる！

最終ゴールに行き着くまでに、小さなゴールをいくつか設定しましょう。

たとえば、５kgやせることを最終ゴールとする場合には、そこに行き着くまでの小さなゴールをいくつか設定し、スケジュール帳にメモします。

何事も小さな達成の積み重ねです。１つできたら、マルを付けてください。ダイエットが目的なら、小さなゴールとゴールの間に、体重が１kg落ちた、２kg落ちたという項目も出てくることでしょう。それは、達成するたびにスケジュール帳に書き足してくださいね。

一歩一歩進んで、小さなステップを達成できた自分をほめちぎってください！　▼小さな目標の立て方は、119ページへ

スマートウォッチの活用で、小さな達成を見逃さない！

小さな達成を見逃さないためにも、身体のコンディションを確認するためにも、ランニング用のスマートウォッチをおすすめします（ランニング時のみならず日常的にも使えます）。

スマートウォッチはGarmin、SuuntoやPolarなど、ランニングに特化したものもあれば、セイコーなどの時計メーカーもスポーツウォッチを出しています。Appleの時計にも計測機能は標準装備されています。高いものもありますが、1万円以下で買える時計もたくさんありますので、ぜひ色々と探してみてください。

ランニング用のスマートウォッチを利用すると、練習のステータスを細かく見ることができます。何kmを何分で走ったか、その時の心拍数はどのくらいだったのかなどを、1kmごとにチェックできるのです。そのデータから、どのくらいウォームアップをすれば良いかなども予測できます。

タイムやスピード、距離などの走るパフォーマンスだけでなく、走っている時の体調もスマートウォッチで管理できます（同じ距離・スピードでも、その時の体調によって数値はまったく違ってきます）。

心拍数の他、最大酸素摂取量（VO2max）、血中酸素濃度などの測定を通じて、次回のランニングまでのリカバリーの時間も算出できます。リカバリーは走るパフォーマンスを上げるためにも、日々を健康に、快適にすごすためにも欠かせないポイントです。

マップ機能が付いている時計も多く、慣れたコース以外では迷いがちなランナーには、強い味方です。運動量・負荷・体調といった細かなところまでログが残り振り返れるので、シューズやウェアとともに優秀な相棒になることでしょう。ミュージック機能を搭載している時計もあります。音楽を聴きながら走れば、走る時間がより楽しくなりますね。

もちろん、スマートウォッチがないと走れないというわけではありません。まずは、スマートフォンの計測アプリ（125〜127ページ参照）を使ってみるのも良いかもしれません。

自分にご褒美を出そう

「○○日続いたら」
「○○分走り続けられるようになったら」
「マラソンを完走したら」

「完走タイムが○○分を切ったら」

といううように、小さなことから大きなことまで、何か1つ達成したら、ご褒美を自分にあげて、どんどん自分をほめましょう。

「○○したら」が、走るうえでの1つの目標になります。できたことは達成感や自己肯定感を育みます。小さな目標「週3回30分を1か月続ける」を達成できたら、「ほしかった洋服を買う」というご褒美でも良いでしょう。

目標（「5kgやせる」など）とご褒美を関連付けて、「ワンサイズ下の服を買う」にしてみると、がんばりたい気持ちが強くなるはず。ぜひ楽しみながら考えてみてください。

ちなみに、私の恒例のご褒美は「マラソンを完走したら、昼間からビールを飲む！」です。マラソン完走後に飲むビールほどおいしいものはありません！

小さな目標を達成した時のご褒美を設定しましょう。

④宣言する！ 仲間を巻き込む！

走りはじめることを決めたら、ぜひ宣言してください。できれば**身近で、自分をよく知る人にアピールするのが効果的**です。すでに走っている人や走るのが習慣になっている人がいれば、最高です。自分が選んだその人に「見張り番」になってもらうと良いでしょう。

先日、知り合いがFacebookで「走ります」と宣言しました。その投稿を見た私は、「私の出番だ！」と勝手に思い、頼まれてもいないのに「走っていますか？」とメッセージを送り続けています。私だけでなく、走っている人はなぜだか人を巻き込みたがります。これは仲間を求める本能でしょうか？　走ることでたくさんの良いことを享受しているので、走っていない人をこの世界に連れてきたいと思うからかもしれません。

走りはじめることを宣言し、ランニング仲間をつくりましょう。

「走っている人」が周りにいないなら、SNSでつながる

SNS上には数多くのランニングのアカウントが存在します。私もSNSでつながっているランナーがたくさんいます。「ランニング」「マラソン」といった検索にヒットした中で、自分と似通った人や、このようになりたいと思った人をフォローし、SNS上でつながりました。

最初はもちろん誰とも直接の面識はありませんでしたが、走る課題や完走の喜びなどを共有することで、オンライン上でも、びっくりするほど仲が良くなりました。そうした関わりを続けていく中で、一緒にお酒を飲んだり、同じレースに出走したりするようにもなりました。「はじめまして」の相手でも、走ることでつながっているので、最初から話が合って毎回大盛り上がりします。

大人になって気心の知れた友人はつくりにくいと思っていましたが、まったくそんなことはありません。ランニングは、走っている仲間が多いほうが、絶対的に続きやすいです。

■#タグでつながる

「#ジム女子」や「#ランニング好きとつながりたい」など、X(旧Twitter)やInstagram

などの「#（ハッシュ）タグ」のつながりを目にしたことがある人も多いと思います。

#ジム女子は、ジムでのトレーニングによって日々変わっていく自分の姿をアップする女性同士が、「お互い一緒にがんばろう」と励まし合い、また他の投稿者を「この人のようになりたい」という身近な目標にしていたりするようです。筋トレに日々取り組む人達はとてもすてきで、SNSの投稿を見ているとかなりモチベーションが高まります。

ここでもやはり、カギとなるのは**「仲間」**です。仲間がいるほうが断然続きますし、取り組むことがおもしろくなります。ゲームにも似た感覚で#タグでつながり、それを味方に付けてみましょう。走ることでやせようとしている人、走ることを続けようとがんばっている人は、日本中、世界中にたくさんいて、みんな仲間です！

■「#くせラン」を活用ください！

この流れで**「#くせラン」**という#タグをつくってみました。Instagram・YouTube・Facebookで、ぜひご活用ください。この本を読んで走ることをはじめたり、走ることを習慣化すると決めたりした人々でつながる#タグです。「#くせラン」を付けて宣言し、お互いに声をかけ合って、みんなで走ることを楽しみ、続けていきましょう。私もこの#タグで投稿します。

ランニング好きな私がよく使うタグ

#ランニング　#マラソン　#ランニング好き　#ランニング女子　#ランニング好きな人とつながりたい　#ランニングママ　#ランニングクラブ　#running　#runninglife　#runningcommunity　#runningmotivation　#runningmom　#trailrunning　#marathonrunner　#marathon

ランニング初心者の方向けのタグ

#ランニング初心者　#ランニングはじめました　#ランニング初心者とつながりたい　#runningbeginner　#startrunning

アプリで練習を共有する、宣言する、仲間をつくる！

どのアプリでも、距離・タイム・平均ペースなどの基本データを計測してくれます。また、ほとんどのアプリにはランニングコミュニティがあるので、自分のゴールを宣言したり、練習を共有したりする場としても人気です。仲間同士でコメントや「いいね！」を送るなどすれば、世界各国に散らばる仲間ともつながれるので、離れていても一緒に練習をしているように思えます。

また、アプリ内で開催される**「チャレンジ」**を活用するのも良いでしょう。たとえば「1か月で100㎞走るチャレンジ」「週末に5㎞走るチャレンジ」などがあり、誰でも参加できます。それを達成すると、フィニッシャーのメダルがもらえるなどの特典が付いたものもあります。そのチャレンジに参加している他の人の練習状況もアプリ内で見られるので、チャレンジの大きな励みにもなります。

大手スポーツメーカーのアプリは、トレーニングプランなど、各社の長きにわたる知見にもとづいたコンテンツが魅力です。また、ウェアやシューズのクーポン配布は、スポーツメーカーだからこその特典です。

私生活（ライフサイクル）のデータと連動したアプリもあります。歩数や移動距離を計測したり、睡眠時間や心拍数、体重を管理したりと、健康をトータルでサポートしてくれます。数値はグラフで表示されるので、走った距離や体重の移行などを可視化できます。

音楽機能が付いたものや、トレーニングメニューをつくってくれるものなど、アプリによって個性もあります。ぜひ、自分に合ったアプリを選んで使ってみてください。走ることをゲームのように楽しめるはずです。

無料のアプリも多いですが、アプリ内課金の場合もあるので、事前にご確認くださいね。

ランニングクラブに入ってみる!

ランニングクラブは、ランニング好きの人が集まって一緒にランニングをする集まりです。ランニングクラブには、コーチがいるクラブとそうでないクラブがあります。

コーチがいるランニングクラブでは、コーチが定期的に練習会を開催したり、走り方を教えてくれたり、目標とするレースに向けたプログラムを組んでくれたりします。

私はこのタイプのクラブに所属しています。クラブ員は300人を超える大所帯ですが、クラブメンバーはプライベートでも本当に仲が良いのです。走ることだけでつながった仲間ですが、誕生日を一緒に祝ったり、旅をしたり、お互いのビジネスに協力し合ったりすることもあります。

ランニングクラブのコミュニティ力はとても強い印象があります。「日々続けること」「自分と向き合い、自分を信じること」「人と比べないこと」「前を向いて取り組むこと」など、ランニングに凝縮された「豊かに生きるためのヒント」を享受し合うランナーのコミュニティ力は強くなって当然なのかもしれません。

ランニングクラブには、コーチがいないランニングサークルに近いタイプもあります。このタイプのランニングクラブでは、入会金や会費の設定がないところが多いです。どちらのランニングクラブも老若男女、学生から定年退職した人までさまざまなバックグラウンドを持つ人がいるので、その中に思い切って入ってみると、思わぬところで自分と気が合う人に出会えるかもしれません。

お互いに声をかけ合う仲間の存在が、ランニングを習慣にする大きな秘訣です。一度近くのランニングクラブをのぞいてみてください。検索エンジンで**「ランニングクラブ 地域名」**を入れてサーチすると、いくつもヒットするはずです。また、RUNNETの「なんでも募集」の「クラブ・走友会」のページ（https://runnet.jp/smp/community/link/list_club.html）で全国のランニングクラブが紹介されています。参考にしてみてくださいね。

ランニングクラブを調べてみましょう。

■オンラインのランニングクラブ

「近くにランニングクラブがない！」「わざわざ出向くのは気が乗らない」という方もいるかもしれません。そんな方には、オンラインのランニングクラブをおすすめします。

オンラインのランニングクラブもいくつか種類があって、入会金や会費を取らないランニングサークル的なクラブや、有名な選手やコーチが主体となったオンラインサロンのようなクラブ、また、ランニングクラブがオンサイトとは別に運営しているクラブもあります。講習会がZoomで行なわれたり、動画でフォームなどを解説してくれたり、個人的な相談にも乗ってくれたりします。

パーソナル・コーチングもあります。そこではコーチが、自分の予定や状況に合わせて毎月の練習メニューを作成し、定期的に練習の状況をチェックし、アドバイスをしてくれます。個人の目標に合わせた指導をしてくれるので、**すぐに自分の生活・練習の計画に落とし込める**メリットがあります。会費は、通常のランニングクラブより若干高くなりますが、効果は出やすいはずです。コーチはさまざまなタイプのランナーを知っているので、仲間づくりや、ランナーのつながりなどについても、良いアドバイスがもらえます。

■人から力をもらう・人に力を与える場所

私はイマイチ気分が乗らない日が続いたり、仕事などのプレッシャーで気が滅入ったりした時、多くの人が走っている公園やレース会場、ランニングクラブに行くことがあります。ただただ一心に走っている人を見ると、とても触発されるからです。

また、レース会場のスタート地点に並ぶランナーは凛々《りり》しく、会場はゴール一点を目指す気持ちにあふれていて、心が大きく動かされるものです。それは箱根駅伝で公道を駆け抜ける選手の勇姿や、タスキをつなぐ瞬間に感動する気持ちと似ているかもしれません。

心が少しめげそうな時、走らずとも、ランニングクラブに行くと力がもらえます。そしてきっと、自分自身もそんな人に力を与えているのでしょう。

ウェアでランニングを楽しむ！

ここ最近、目が釘付けになるようなおしゃれなランナーが増えていて、ランニングウェアの進化を感じます。

マラソン大会のエキスポ（展示会）では、ファッション関係の出展者が劇的に増えました。黒がメインだったタイツもどんどんカラフルになり、デザインも凝ったものが増えました。中高年が主流だったランニングの世界に若いランナーが増えてきて、男性のウェアも女性同様大きく変化しました。

ウェアだけでなく、走る姿をより美しく見せるネックレスやピアス、キャップやランニングハット、ランニングサングラスなどの種類も増え、選ぶのに頭を悩ますほどです。見ているだけで楽しく、気持ちがとても上がります。

まずはウェアから入っても良い！

「レースに出る時、どうやって気持ちを上げますか？」とランニング仲間に聞くと、「まずはウェアで気持ちを上げる」という答えが返ってくることが多くあります。

勝負服としてお気に入りのウェアを選び、着ているだけでもハッピーになるという意味が大きいですが、お気に入りのウェアを着て走ると、マラソンのレースで活躍するスポーツ選手のような気持ちになれることも大きな理由でしょう。

一般市民がスポーツ競技で主役になれる（沿道の人々から声援を受け、名前を呼ばれてフィニッシュゲートをくぐる）スポーツは他にほとんどないですし、何万人という人が参加するスポーツレースは他に類を見ないでしょう。**マラソンレースは自分を最大限に表現できる最高の場**です。ウェアもシューズもお化粧もネイルも、最高に着飾って、美しく堂々と舞台に立ちたいと、多くのランナーは準備をし、気持ちを上げていきます。

日常の練習も同様です。気持ちがちょっと落ちている時ほど、お気に入りのウェアで気持ちを上げます。他の見知らぬランナーから、「あなたのウェア、かわいいね。どこで買ったの？」なんて声をかけられると、それだけで気持ちが引き上がって、**気分も足も軽くなる**ものです！

これからランニングをはじめる人は、まずはウェアから入るのも良いでしょう！ ちょっとしたことで、ランニングはもっと楽しくなります。

ランニングウェアは普段着にもなる！

ランニングウェアは動きやすいので、気づけば1日中着ていることもあります。ただし、ランニングウェアを最初からそろえなくても、**まずは動きやすい服を着て走るなど、お金をかけなくても大丈夫です。**気持ちが上がる動きやすい洋服を持っているのであれば、まずそれでもＯＫ！

走ることが日常になじんできたら、「どんな服装が良いか」もわかってきます。そこでランニングウェアを新調すれば気持ちが再度上がって、続けたい気持ちが加速するでしょう。もちろん、最初に全部そろえて、形から入るのも良いですね。いつランニングウェアをそろえるかは、自分のスタイルや気持ちで決めてください。

ランニングは自分と向き合うスポーツです。自分の「こうしたい！」を第一に、ウェアも、走るスケジュールも、走るスタイルも決めていきましょう。

「ランニングのおとも」で ランニングを楽しむ！

ランニングウェア以外にも、「ランニングのおとも」として気持ちを上げてくれるアイテムがたくさんあります。

■ランニングのおとも①　「サングラス」

ランニング専用のサングラスを着用すると、走っている時のサングラスのズレやブレをおさえてくれ、快適にランニングを楽しむことができます。軽量でUV対策もされており、しっかりと目を守ってくれます。海外ブランドでも、最近はアジアンフィットの商品ラインがあり、日本人の顔にジャストフィットするサングラスも出ていて、日本人ランナーからも支持されています。

サングラスは走る時にテンションが上がり、ランニング中のみならず、日常でもスタイリッシュに使えるデザインのものがおすすめです。ぜひ自分の好みに合ったものを探してみてください。

注意点は、**実際に試着してフィット感を確かめること**です。海外ブランドの場合は、特にサイズが日本人に合わないこともありますので、試着してからの購入をおすすめします。

■ランニングのおとも②　「キャップ・ハット・ニット帽」

ヘッドギア（頭部に装着する衣類）も昔と比べると選択肢が増えました。以前のランニング大会では、キャップ以外はほとんど見かけませんでしたが、最近は多くの種類が増えました。ランニングキャップ1つとっても、かなりの種類があって選ぶのが困るほどです。

キャップ以外でも、つばが周囲にあるランニングハットもかわいく、普段使いもできます。もちろん機能的で、長い間かぶっていても蒸れないし、寒い冬はニット帽で頭も防寒できます。ヘッドバンドにもなり、寒い日にはネックウォーマーにも使えるバフというヘッドギアもあります。

その日の気分に合わせてバフをしたり、キャップをかぶってみたり。そうしたおしゃれも楽しいものです。

暗い中で走ることが多い人には、ヘッドライトをつけて走ることを強くおすすめします。夕方や夜間に走るには、まずは安全確保が大切です。

■ランニングのおとも③　「バックパック・ウェストポーチ」

自然の中を走るトレイルランなどで長距離を走るなら、バックパックは必須アイテムです。コース上には水飲み場も、コンビニや自動販売機もない場合があるからです。熱中症や脱水症などにならないように、自分で自分の身を守りつつ、自然の中を走ることを楽しんでください。

バックパックやウェストポーチもどんどん進化しており、軽量化が進んでいます。そのうえ、しっかり身体にフィットするつくりのものは、走っている間に揺れを感じることはありません。まるで「何もつけてない」ようなフィット感があります。

ランニング仕様のバックパックと日常で使うバックパックは別物なので、**バックパックだけは、ランニング仕様のものをおすすめ**します。快適度や疲労度がかなり変わります。一度お店で試してみて店員にアドバイスをもらうのも良いですね。

ロードの水分補給なら、ドリンクボトルの入るウェストポーチでも良いでしょう。ポーチでなくても、手に持つ用のハンドボトルホルダーなども便利です。

■ランニングのおとも④　「音楽・ポッドキャスト」

私は自然の音に耳を傾けて走っているので、音楽を聴きながらは走りませんが、ジムでトレッドミルに乗る時は、イヤフォンで音楽を聴いて走っています。お気に入りのダンスミュージックやポップスをかけると、気持ちが上がって、ぐいぐい走れます。

私の友人には、ポッドキャストやオーディオブックを聴きながら走る人も多いようです。走ることで記憶力が向上したり、アイデアが湧いたりするので、**走りながらインプット**をするようです。走る時間を楽しく、有意義にしてくれるアイテムですね。

ケガを防ぐ シューズ選び・ストレッチ

ランニングをしている人にとっていちばん避けたいのは、走ることでのケガでしょう。適切なシューズを選んで、ケガなく快適にランニングライフを楽しみましょう。

選ぶポイントは、次の3点です。

足幅の広さや甲の高さなど、自分の足に合っているか？

これからはじめようとしているランニングの種類・目的に適しているか？

・ロング走・ゆっくりラン：クッション性のあるもの

・トラック競技・タイムを目指したレース：薄く軽いもの（重さを感じず好まれる）

これから走るコースの地面に適しているか？

（コンクリートの道路・舗装のない道・土の地面・トレイルなど）

・ランニングシューズはロードシューズとトレイルシューズの2種類

最近はクッション性が高く、通気性も良いハイパフォーマンスのシューズもたくさん出ているので、専門のランニングショップでアドバイスをもらうのが最善かもしれません。

私の例でいうと、東京で履いていたシューズをアデレード（オーストラリア）でも履き続けたところ、東京よりも乾燥しているアデレードの路面の硬さで足を痛めてしまい、数か月走れなくなりました。足専門のドクターからも、「東京で履いていた薄いシューズで練習するのは、アデレードでは適さない」とのことで、ケガをして当然だったわけです。**同じシューズでも、走る場所によって合わなくなる場合もある**ので、走る場所のお店でアドバイスを聞くのもおすすめです。

シューズは通常、700～900㎞ほど走ると、底が擦れてクッション性がなくなり、バランスが悪くなってくるので、バランスの悪さを感じたら、買い替えもご検討ください。

［シューズを変えるタイミング］

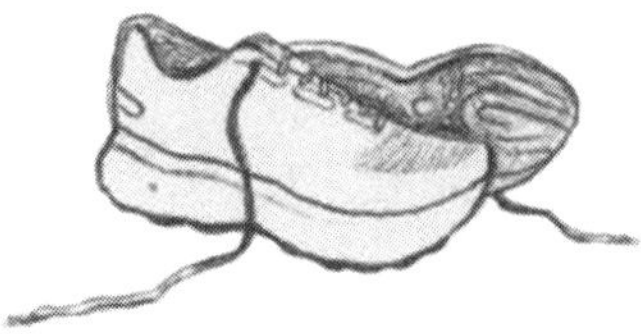

・走行距離：700～900㎞
・走っていて足に痛みが生じる
・クッション性を感じなくなる
・足にまめや水ぶくれができる

つま先とかかとを
持ってねじった時に、
反発する力を感じない
（薄いソールの靴は例外）
平面に置いた時に
靴が傾く

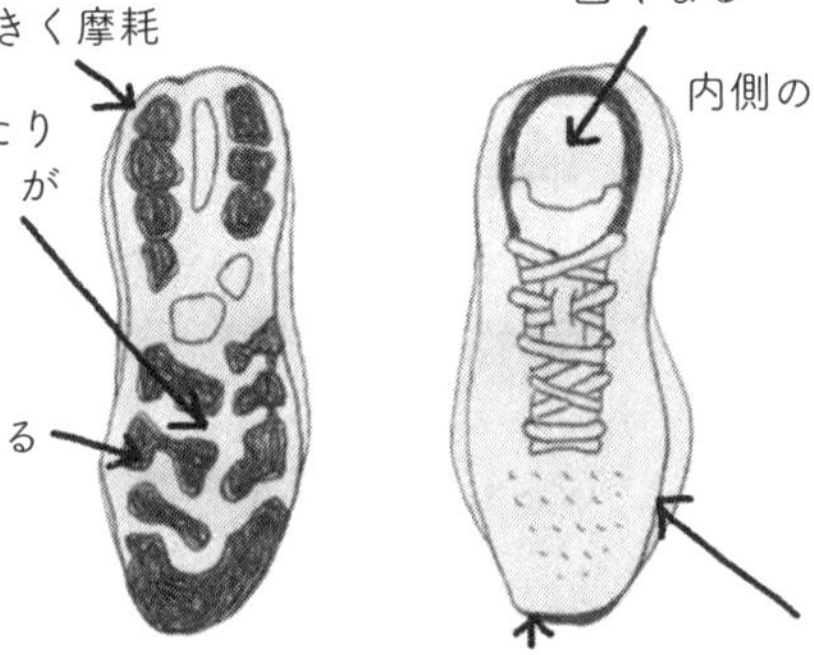
靴底の外側が大きく摩耗
足指の付け根あたり
（踏み込む場所）が
大きく摩耗
くぼみがなくなる
クッションがなくなり
固くなる
内側の生地がほつれる
刷れて穴が開きそう

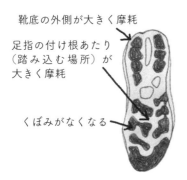

走る前後のケア

■適切なウォームアップとストレッチ

私はジョギングでウォームアップを開始し、身体があたたまってきたら、1つの動作がダイナミックな（大きな）ストレッチをします。その後、本格的な走りをしていきます。

ストレッチには2種類あります。1つ目が、動的ストレッチ（ダイナミックストレッチ）で、**ランニング前**に行ないます。ダイナミックストレッチは筋肉の可動域を広げ、ランニングのパフォーマンス向上につながります（88・89ページで紹介します）。

2つ目は、静的ストレッチです。ストレッチといえば、こちらを思い浮かべる人が多いかもしれません。曲げたり、伸ばしたりするストレッチで、**ランニング後**に行なうことで、血行が良くなり疲労回復へと導いてくれるのです。これはむしろ、走る前はやらないほうが良いストレッチです。なぜかと言うと、筋肉が伸ばされることで、筋肉の弾力がなくなり、瞬発力が落ちてしまうからです。筋肉の緊張がなくなるとケガのリスクも上がります。

④ウォーキング・ランジ

足を交互に踏み込みます。後ろ足は地面近くまで下げ、前足は直角に曲げます。上体はまっすぐで前後に傾かないように気をつけます。１～２分くらい繰り返します。

動画はこちら→

⑤クロスオーバー

片足を反対側の足の後ろにクロスさせて少しずつ横に動いていきます。１分くらい動いたら、足を入れ替えて逆の動きで戻ります。腰は少し回転させます。

動画はこちら→

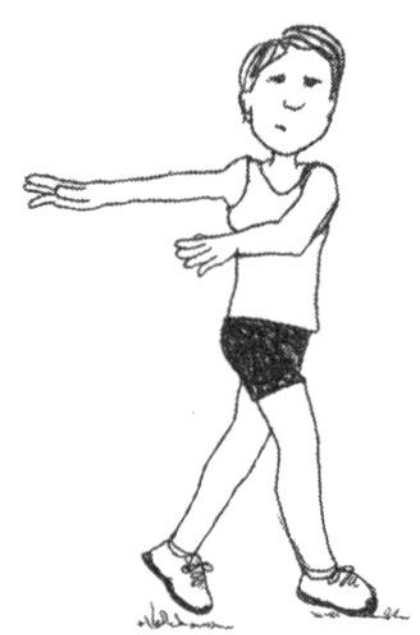

⑥レッグスイング（前後）

何かをつかんでバランスを取りつつ行なってください。腰に重心を置き、足を前に高く上げて、ハムストリングス（太もも裏）を伸ばし、続いて後ろに大きく振り上げます。前後10回ずつを左右で行ないましょう。

動画はこちら→

［ダイナミックストレッチの例］

全体はこちら→

①レッグスイング（左右）

何かをつかんでバランスを取りつつ行なってください。腰を起点に、重心の足の前後で左右に振ります。両足を左右交互に10回ずつ行ないましょう。

動画はこちら→

②サイドランジ

両足を肩幅より大きく広げて右に深く踏み込みます。右足は直角くらい曲げて、左足はまっすぐ横に伸ばします。右に2回・左に2回を交互に1～2分くらい繰り返します。

動画はこちら→

③ウォーキング・ニーレイズ

膝を上げて胸の前で抱えるようにします。1歩ずつ前に進みながら足を交互に入れ替えて繰り返します。腰の位置をできるだけ高く保ち、上体は傾かないようにします。1～2分くらい行ないましょう。

動画はこちら→

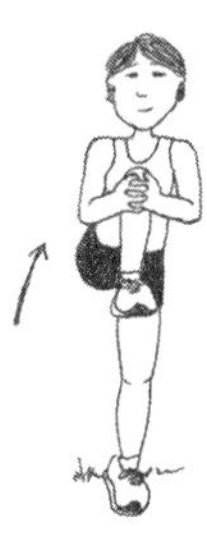

■クールダウン

トレーニング中に筋肉に蓄積した老廃物を流し出すために、ランニングの後にはゆっくりとジョギングやウォーキングを行ないましょう。練習後1～2時間は、筋肉や関節が硬くなるのを防ぐため、座り続けることを避けて、少しでも動くよう心がけてください。

■走る前後の燃料補給＋水分補給

走る前には、必ず水分を補給してから練習に出ましょう。寝ている間は、夏でも冬でもコップ1杯くらいの汗をかいているといいます。ランニング前に食事を摂る場合は、エネルギーの元となる炭水化物が豊富で、繊維が少なく消化しやすい食品を摂取するよう心がけてください。▼詳しくは、151ページへ

レースや強度が高い練習の前は、胃の不調や問題発生のリスクを最小限に抑えるため、**2時間前までに食べ物を摂取**することが理想です。お腹の減りやエネルギー不足を防ぐため、ちょっとした補給食（エナジーバーやバナナなど）を30分くらい前に摂取するのも良いでしょう。

人にもよりますが、牛乳やバターが多く入った食べ物は、走っている間に脇腹が痛くな

ったり、お腹がゴロゴロしたりする原因にもなるので、避けたほうが良いでしょう。

走った後は忘れずに水分補給をしてください。**のどのかわきを感じていなくても、水分は多く排出されています。**特に暑い中走ったり、大量の汗をかいたりした後は、電解質（スポーツショップなどで市販されています）を水に加えます。電解質の一種であるマグネシウムは疲労回復にも効果があります。

追い込んだ練習をした後は、身体の疲労をなるべく早く取るためにも、タンパク質が豊富な食品（肉や魚など）を練習後30分以内に摂ることをおすすめします。

自分に合うランニングフォームを見つけよう

ランニングフォームは、解剖学、生理学、および遺伝子学のどの観点（身体の大きさ、骨格の違い、筋肉の質など）から語るかによっても異なるので、絶対的に正しいものはありません。そのため、ここでは広く認識されているフォームを紹介します。

世界的に有名なランニングのコーチであるスティーブ・マグネスによると、ランニングの練習をする中で、身体自体が最も抵抗が少なく動かしやすい使い方を見つけようとするそうです。練習を通してより自分に合ったフォームを身に付けていきましょう。

フォームで特に意識するのは、「腹筋・腰」

「毎日走っていてもタイムが上がらなかったのに、フォームを変えたら、楽に速く走れるようになった!」という声をよく耳にします。

フォームでまず意識したいのは、**「腹筋」の力を使う**ことです。どんなスポーツも丹田に意識をおくのが大事だと言われますが、ランニングも同じです。腹筋を鍛え、丹田に意識を向けて走ると、身体がブレにくくなります。

また、腰が落ちないように(腰を上げるように)心がければ、歩幅が大きくなり、推進力も増します。少しの意識で、あなたのランニングフォームは格段に良くなります(次ページに、その他に押さえておきたいポイントを載せておきました)。

ただ、自分のフォームが合っているのかどうか、1人ではわかりにくいですよね。そこでおすすめするのは、**自分の走る姿を動画で撮ってもらう**ことです。客観的に自分の走る姿を見たら、くせがよくわかります。ちょっとしたフォームのくせであれば(たとえば、手の振り方が左右対称でない、どちらかの足が上がってないなど)、自分で改善できます。ただし、**フォームにこだわりすぎず、自分が楽に走れる走り方がいちばんです。**トライ&エラーを繰り返して、自分に合うフォームを見つけてください。

［おすすめのランニングフォーム］

全体はこちら→

←目線：自然に前方を見る
←あご：前に出さない
腕：約90度に曲げる→
手：軽くにぎり、リラックス。胸より上に上げない。
↑
足：かかとから足の前方までで着地。自然に戻せる足の高さまで蹴り上げる。

動画はこちら→

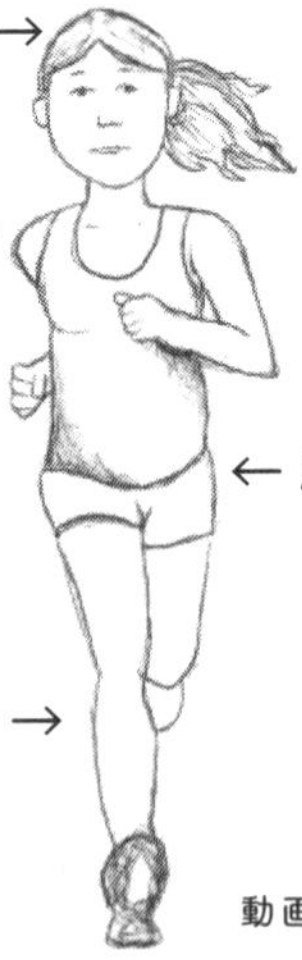
頭：固定せず、ニュートラルに→
肩：力まない。リラックス
腕：腕ふりと胸部の回転は左右対称に
←腰：腰を上げて走るように意識する
脚：まっすぐ前に出す（身体の中心線でクロスさせない）

動画はこちら→

暑い時（夏）、寒い時（冬）、雨の日の走り方

走る習慣を身に付けるうえで、暑さや寒さ、雨などの気候とどう付き合うかも大切なことです。ここではその対策を紹介します。

夏こそ早朝に、海沿いのコースがおすすめ

「夏は暑くて走る気になれない」という方も多いのではないでしょうか。だからこそ、暑さを避けて走れる早朝のランニングをおすすめします。

夏のランニングは、特に日焼け止めをしっかり塗って、帽子をかぶって、直接日光が頭に当たるのを避けてください。また、熱射病や日射病を避けるためにも、水分補給はまめに行ないます。水分補給がしたいタイミングですぐにできるように、軽量で走りやすいランニング用のバックパックを背負って走るのも良いでしょう。

水飲み場のある公園や、海沿いを夏のコースにするのも良いですね。水分補給のためだけでなく、熱くなった身体を冷やすためにも（頭から水をかぶったり、水で首筋を冷やしたり）、水飲み場をチェックしておきましょう。**熱中症は水を飲むだけでは解消されません**。水分を補充し身体を冷やしてあげてはじめて回避されます。ぜひ実践してください！

冬は、身体をあたためることを第一に考える

寒い冬は、じつはランニングのベストシーズンです。長く走ることのできる冬に、私はロング走（人によってその距離は変わりますが、普段以上の距離を走ることです。私は20㎞以上をロング走と考えています）を多く入れます。

冬のランニングでの注意点は、しっかりとウォームアップをすることです。身体が冷えているので、急に運動モードに入ると、心肺や関節に負担をかけます。**ウェアの上に1枚羽織って、しっかりウォームアップ**をして、身体をあたためてから始動してください。

手足が冷えるとなかなかあたたまらない人は、手袋や5本指ソックス、1枚羽織るかわりのアームウォーマーも良いでしょう。

雨の日は、「雨ラン」を楽しむ！

わざわざ雨の日に走ることもないのですが、梅雨の時期は「雨の日は走らない！」と言っていたらずっと走れませんので、服装を雨仕様にチェンジした快適な「雨ラン」で、うつうつする気持ちを解消してください！

雨ランには雨ランの良さもあります。しっとりしていて、景色も違って見えます。雨の歌を聴きながら走るのも良いものです。

冬は雨がウェアに張りついて体温を下げてしまうことがあるので、注意しながら走ってください。私も一度、冬の雨の中を走った後、低体温症に陥ったことがあります。レースでレインジャケットを着用せずに走っていたところ、途中から雨脚も風もどんどん強くなって、濡れたウェアですっかり体温が下がり、体調を崩してしまいました。

ランニング用の軽量なレインジャケットはとても機能が優れています。防水のウィンドブレーカーは軽量で小雨ならまったく雨が中に入ってきません。レインコートのような長めのランニングコートもあります。シューズは洗えばきれいになりますから、ずぶ濡れになっても大丈夫です。

室内でトレーニングするなら、トレッドミルや水泳、縄跳びも心肺トレーニングとしておすすめです。

オンラインのレッスンも、最近は充実しています。心肺トレーニングならダンスやサーキットトレーニングなどが良いでしょう。無料のオンラインレッスンや、月額1000円以下でさまざまな種類のレッスン（ライブも含めて）が受け放題のサービスを利用するのもいいですね。自分1人でなく、トレーナーの人が見ていてくれるのは、継続にもつながります。

おすすめのオンラインレッスン

＊ARTIST DANCE STUDIO（ダンス）http://artist-dance.jp

＊24/7 ONLINE FITNESS（サーキットトレーニング・ボクササイズなど）http://www.247-onlinefitness.jp

初心者は、「週の半分走って半分休む」を目指す

当然、休まないと身体は回復しない

ランナーにありがちな落とし穴が、「休まない」ことです。**身体が回復しないままに練習を続けても、効果が出ません。**

「やせるぞ！」という気持ちは大事ですが、追い込みすぎて身体を回復させないと、ホルモンバランスが崩れて、体重が減らないどころか、増えてしまうこともあるのです。

スマートウォッチには、心拍数にもとづいて、次の練習までに必要なリカバリータイムを算出する機能が付いているものもあります。心拍変動が大きいのは全身が回復したことを意味し、逆に小さいとまだ回復し切れていないということ（最大心拍数はそれほど大きく変動しませんが、平常時心拍数は、体調が悪いと数値が上がります。つまり、疲労時は心拍の振れ幅が小さくなります）。スマートウォッチの活用はおすすめですが、それがなくても、心拍の変動は自分自身で感じ取れます。自分の疲労度合を知ってから、次の練習に移りましょう。

ランニングの効果を享受するためにも、心身の疲労を取るためにも、十分な休息は必要です。がんばった日の後は特にしっかりと休み、十分な睡眠を心がけてください。

日々練習を積み上げるだけでは走る力はアップしません。練習負荷で傷ついた筋肉は、休んで修復すればより一層強くなります。また、負荷ばかりが続くと免疫システムも支障をきたし、心身の疲労が取れにくい身体になります。

初心者は、週3回の練習（**週の半分走って半分休む**）**からはじめましょう。**週3回も走れれば、走る効果は得られ、走る力も底上げされます。

さらに私は、**「気持ちが疲れた日も休む」**ことを心がけています。走らない選択で、一度気持ちがフラットになり、翌日には走りたくなっていることも多いです。

ケガなどで痛みを感じたら、即ストップです。ケガが治るまで数か月、1年かかることもあります。走っている間はアドレナリンの影響であまり痛みを感じないこともありますが、少しでも痛みを感じた時点で状態を確認し、病院で診てもらってくださいね。

女性ランナーが長く健康的に走るために大切なこと

生理中のランニング

生理中のランニングは、あくまで私自身の経験ですが、脳の気分を高めるエンドルフィンなどの物質が分泌されて、血行が良くなり、生理中のむくみを取ってくれます。何より私は、走ることが習慣になって以来、ベッドから起き上がれないほどのひどい生理痛から完全に解放されました。

ただ1つ気をつけたいのが**鉄分不足**です。生理期間は、毎日およそ0.5㎎の鉄分を失うと言われていて、この期間は鉄分不足を起こしやすいです。また、この状況が繰り返されると、生理の時期かどうかにかかわらず、1日中疲労が取れない症状が続きます。女性ランナーには日常的に鉄分の多く含まれた食事を心がけてもらいたいと思います。

妊娠中のランニング

妊娠初期の激しい運動はもちろん控えるべきですが、母子ともに健康な状態ならば、安定期に入ったら、医師に相談のうえ、ランニングを再開するかどうか検討してください。

妊娠中のランニングで気をつけたいのは、まめな水分補給です。**体温が上がりすぎないように水分補給で調整**してください。妊娠中こそしっかりと自分の身体と向き合い、ゆっくりペースで走っていきましょう。ただし、**無理は禁物**です。何か問題が出たら、必ずランニングはストップして医師に相談してください。

出産後のランニング

一般的に、自然分娩後に身体の調子が悪くなければ、6～8週間（帝王切開だと2か月）くらいで妊娠前の状態に戻ると言われています（産褥《さんじょく》期）。ただ、人によっても異なるので、「現在の体調はどうなのか?」「いつから走りたいのか?」など医師と話をしながら適切な時期を決めてください。

赤ちゃんの首がすわったら、赤ちゃんをバギー（ベビーカー）に乗せて押して走る「バギーラン」も楽しいですよ。バギーの負荷がトレーニングにもなります。

シニアになってもランニングを!

ただいま更年期にある私ですが、「更年期こそランニングをするべき!」と、心から感じています。更年期の症状や重さは人それぞれですが、運動が更年期にまつわるあらゆる症状をやわらげてくれるのは共通しています。大きなところは、**気分が変わる、うつうつとした気持ちが晴れる**ことでしょうか。

また、更年期に多くの人の悩みの種になってくるのが脂肪です。特にお腹まわりに脂肪が付きやすくなります。新陳代謝が落ちているので、若い頃と同じような生活を送っていたら、脂肪は間違いなく身体に付いてしまいます。しかしどんなに考えても、悩みも脂肪も消えません。今こそ、走り出しましょう!

それから、この時期に気を配りたいのが骨粗しょう症です。更年期の間に女性ホルモンであるエストロゲンが大幅に減少することで引き起こされます。骨の健康を保つためにもやってほしいことは、**「食事の見直し」**と**「体重負荷運動」**の2つです。

「食事の見直し」では、特にカルシウム摂取量を増やしましょう。この時期からは特に、サプリメントでの補強も行ないつつ、ミネラルを積極的に摂取してください。

「体重負荷運動」の継続も大切です。骨に負荷を与えることで、負荷がかかっている骨のカルシウム濃度は保たれます。足腰に体重負荷のかかるランニングや、骨を引っ張る筋肉を鍛えるウェイトトレーニングで、骨密度の減少を抑えられます。人間ドックのメニューに骨密度測定を加えて、骨の健康も含めてアドバイスをもらうのもおすすめです。**▼食事についてては、第4章へ**

column 2
産後でも、走って美しさを取り戻す！

妊娠・出産は人生における大きなイベントの1つです。

写真（次ページ）は、ランニング友達「エリちゃん」の、産後10年以上経った時と、産後すぐの写真です。産後10年以上経ったエリちゃんのほうが若く、イキイキして見えませんか？

彼女は20年以上走り続けているランナーです。食べることが大好きで、それはもうよく食べます。出張では、ご当地のグルメを心置きなく食べるためにも、必ずランニングシューズを持って出かけ、仕事の合間に走るそうです。

そんなエリちゃんも妊娠中に14kgも増量してしまい、それを取り戻すためやったことはコツコツと走ること。

産後は生活が一変します。睡眠時間の次に確保したのが走る時間でした。赤ちゃんの首がすわるまでの3か月は、10分でも15分でも空いた時間に走り、首がすわってからは、バギーランで走る時間を確保していました。走ることで自分の時間を少しでも持てたのは、精神的な安定にも良かったとのこと。

ブレず焦らずランニングを続けたからこそ、時間はかかっても元の体重に戻すことができ、走る生活にも完全復帰。そして美しさにみがきがかかり、女性としての強さも備えました。彼女の美しさは、走ることを続けてきたからこそある、芯のある美しさだと感じます。

Before

産後すぐのエリちゃん

▼

After

産後10年以上経ったエリちゃん

第3章

ランニングで目標を達成しよう！

ランニングで目標を達成する6つのステップ

あなたはランニングをすることで、どんな自分になりたいですか?

ランニングすることで自分が手にしたいものを明確化し、その思いをはっきりとした「目標（ゴール）」に変えましょう。意識して細かなところまでしっかりと目標を描いてください。

人生における多くの事柄と同様、走ることを継続するための理由や動機を言語化し、ランニングをスケジュールに落とし込むことで、最高のパフォーマンスが引き出されます。

ここでは、ランニングで「目標」を達成するための6ステップを紹介します（ダイエットを目標とする場合を例に考えていきます）。

巻末資料として、自分の目標を達成するためのワークもあります（(1)〜(4)ページ）。本文を読みながらワークの穴埋めをするだけで、目標が実現にぐっと近づきます。書き方に迷ってしまったら、記入例（(5)〜(8)ページ）もご参照ください。

［ランニングで目標を達成する6つのステップ］

①具体的な目標を書きとめる　ワーク 1

▼

②目標を達成した時の自分を描く　2

▼

③目標を具体的に数値化する　3　4

▼

④大きな目標までの小さな目標設定　5

▼

⑤ランニングをスケジュールに入れる　6　7

▼

⑥練習・目標の見直し　8

ステップ① 具体的な目標を書きとめる

「なぜ、あなたはランニングをはじめようと思ったのですか？」
「あなたは、ランニングをすることでどのように変わりたいですか？」

やせたい、身体を鍛えたい、健康になりたい、マラソン大会に出てみたい……人それぞれの動機があると思います。その動機を自分に問いかけることが、ランニングで目標を達成する最初の一歩です。

そして、その動機を具体的に書き出し、ぼやっとした輪郭をはっきりと浮き上がらせてください。**目標に否定形は使わず、肯定形で書きましょう。**脳が現状の不満にフォーカスしないよう、満足のいく結果に視点を置きます。

たとえば、こんな感じです。

・今の体重から5kg落としたい
↓具体的には、今の体重（55kg）から目標体重（50kg）になる
・ワンサイズ下の洋服が着られるようになりたい
↓具体的には、S（7〜9号）サイズの服を着る
・夏までにやせたい
↓具体的には、8月にビキニを着て海に行く／ウエストを80cmから73cmにする
・会社の健康診断の結果を改善したい
↓具体的には、「C」判定をなくす

ワーク 1

あなたの具体的な目標は何ですか？
書き出してみましょう。

ステップ② 目標を達成した時の自分を描く

次に、目標を達成した姿をイメージします。

「この人のようになりたい」という理想の人の写真があるならば、わかりやすいかもしれないですね。絵を描くのが好きな人は、イラストにするのも良いでしょう。なかなかイメージがふくらまない場合は、雑誌や映画、本やＳＮＳから探してみてください。

その時、「自分はどのように変化したのか？」「達成した時の気分は？」と、**ビジュアル的なイメージだけでなく、気持ちの面も含めて想像**してみてください。そうすることで、最終目標にたどり着くまでのステップがより見えてくるようになります。

ルーティンで固められた毎日を送っていると、脳は変わらないその現状だけを「現実」としてとらえます。しかし今と異なる状況を思い浮かべると、脳はその想像力でつくり出された状況も「現実」としてとらえるようになります。つまり、「理想の自分（状況）」を想像しながら走ると、理想に現実を近づけやすくなるわけです。

この方法は「レース」の時にも同じ威力を発揮します。身体能力の変わらないランナー同士がレースで差がついてしまうのは、メンタルの部分が大きいと言われます。たとえば、「35㎞地点できっと足が上がらなくなる（経験にもとづいたものであるにしても）」→「苦しいだろうな」と想像すると、現実も35㎞地点で足が上がらず苦しくなってしまう。

脳は、現実と想像を区別しません。マイナスの思考がマイナスの感情をつくり上げ、マイナスの結果を呼び込んでいる状態です。反対に、**「苦しくなっても、練習を重ねてきたから走り切れる」などと、プラスの感情をつくり上げれば、本当にプラスの結果を呼び込める**ようになります。

目標を達成した時の自分を考えることは、目標を達成する第一歩です。想像で、理想の現実を引き寄せましょう。

ワーク2　目標を達成した時の自分を描いてみましょう。

ステップ③ 目標を具体的に数値化する

基礎代謝量と推定エネルギー消費量を算出しよう

まず、走ることで消費されるエネルギー量を、実際の数字から見てみましょう。

ランニングでの消費カロリーは、「体重（kg）×走行距離（km）」のかけ算で概算することができます（細かく計算すると、「体重（kg）×METs（運動や身体活動の強度）×時間×1.05」になりますが、概算で問題ありません）。

たとえば、体重が45kgの女性が10km走った場合、消費カロリーは、45（kg）×10（km）≒450kcalとなります。

❶基礎代謝量を調べる

次ページの表（表1）を見てください。現在52歳の女性の場合、基礎代謝は1110kcalです。

❷推定エネルギー消費量を算出する

週2～3回以上、日常的に運動を行なっている場合を「身体活動レベル－高い」としています。基礎代謝量の1110kcalに2.0（「50歳－64歳」の「身体活動レベル－高い」）をかけて算出すれば、2220kcalが52歳女性の推定エネルギー消費量となります。52歳女性の「身体活動レベル－普通」の人の推定エネルギー消費量は1943kcalですから、この計算だけでも、身体が消費してくれるエネルギー量が277kcal多くある計算です。走ることで、代謝が良い身体（太りにくい体質）になることは、この計算からも明らかです。

ワーク3

現在の基礎代謝量と、推定エネルギー消費量を算出してみましょう。

❶ 自分の現在地と目的地（どうなりたいか？）を数字で出す

大きな目標を数値化して目標達成に必要な時間を算出する

［世代別の基礎代謝と推定エネルギー消費量］

表1　基礎代謝・平均データ　日本医師会データ参照（単位：kcal）

男性		
年齢	基礎代謝量	推定エネルギー消費量
12-14	1520	2584
15-17	ピーク　1610	2818
18-29	1530	2678
30-49	1530	2678
50-64	1480	2590
65-74	1400	2380

女性		
年齢	基礎代謝量	推定エネルギー消費量
12-14	ピーク　1410	2397
15-17	1310	2293
18-29	1110	1943
30-49	1160	2030
50-64	1110	1943
65-74	1080	1836

表2　推定エネルギー消費量

男性/女性		
年齢	身体活動レベル―普通	身体活動レベル―高い
12-14	1.70	1.90
15-17	1.75	1.95
18-29	1.75	2.00
30-49	1.75	2.00
50-64	1.75	2.00
65-74	1.70	1.95

たとえば「55㎏（現在地）からやせて、48㎏（目的地）になる！」というように、自身の目標をノートやパソコンに書いてください。

目標を決めたら、その目標を達成するための計画を立てます。さきほど述べた通り、ランニングの消費カロリーは「体重（㎏）×走行距離（㎞）」で計算できます。また、**体脂肪を1㎏落とすには、7200㎉を必要とする**ことを覚えておいてください。

次に、何㎞を走れば7㎏やせるかを、ざっくりと計算してみます。

体脂肪を1㎏落とすためには、7200㎉必要ですので、7㎏落としたい場合は、×7（㎏）で、50400㎉の消費が必要になります。ランニングの消費カロリーは、「体重（㎏）×走行距離（㎞）」なので、この50400㎉を消費するには、概算で50400（㎉）÷55（㎏）≒916㎞走る必要があるということになります。

できるだけ早くやせたいと思う人は多いでしょうが、あせりは禁物です。今まで何度も失敗を繰り返しているならなおさらです。

走ればやせます。これは事実です。しかし、「続けること」が、ランニングでやせられない人々の壁です。だからこそ、現在の自分の体力や日々の忙しさなどを加味し、「現実的な」プランを組んでください。それが目的地にたどり着く、最も早く確実な工程なのです。

❷ 1週間のうち何km走ればやせるのか？

目標の体重になるまでに全体で何km走れば良いかがわかったところで、ステップ①で考えた「目標を達成する時期」までに、1週間で何km走れば良いかを計算してみましょう。

たとえば、ゴールまで1年（53週間）かかるとして、その期間で916km走るなら、1週間で、（916km÷53週間＝）約17・28km走る必要があります。1週間で3回走れるなら、1回の練習あたり、（17・28÷3＝）5.76km走る目標が立てられます。

ここで、**1週間・1日に走る距離が長すぎてやる気を失うことのないように**、自分の気持ちと相談してみることも大切です。

距離が長すぎると感じる場合は、1週間あたりに走る距離を短くするか（ゴールまでの期間を長くとるか）、目標体重を増やす（脂肪を燃焼する量を減らす）ように調整してみましょう。

ワーク
4

目標の体重になるまでに走る距離と、1週間で走る距離を計算してみましょう。

ステップ④ 大きな目標までの小さな目標設定

目標の達成には、日々の努力の積み重ねが大事になるので、大きな目標達成のためのマイルストーンとして、小さな目標を設定します。

一刻も早く目標を達成したくなり、ついつい急いでしまいがちですが、そのあせりが挫折につながることもあります。身体にいいはずのランニングで、無理しすぎてケガをしてしまったり、体調を崩してしまったりと、ランニングの効果を得ることから自ら遠ざかってしまうのです。

自ら立てたスケジュールに従って、ゆっくり、着実な進歩を目指していきましょう。小さな目標を達成すれば自信にもつながります。その自信が、次のステップへの身体的、精神的な後押しになるのです。

「小さな目標」は、たとえば次のようなイメージです。

①1週間に3回、30分スケジューリングして、ランニングスタート
②1週間、その時間が来たら外に出る
③3週間、その時間が来たら外に出る
④週に1回20分走り続ける
⑤週に2回20分走り続ける
⑥週末を、30分から45分の練習に変える
⑦ランニングクラブを探してみる
⑧自分に合ったスマホのアプリを見つける
⑨マラニック（マラソン+ピクニック、163ページ参照）をやってみる
⑩ランニングの習慣を3か月続ける

ワーク 5

大きな目標までの小さな目標を10個立ててみましょう。

ステップ⑤ ランニングをスケジュールに入れる

気持ちだけではランニングの習慣は定着しづらいのが現実です。第2章でもふれたように、忙しいからこそ、他の予定（学校・通院・会議など）と同列に並べてランニングをスケジュールに入れてください。そうしないと、外に出ることもなく「あっという間に1日が終わった」「気がついたら1週間がすぎていた」となってしまいます。

走る予定を入れる日は、できるだけ**現在のルーティンにくっ付けられるタイミング**が理想です。走る予定を固定（安定）させるためです。できれば週に3回取れると良いでしょう。

ワーク 6

ランニングをくっ付けられる、現在のルーティンは何ですか？
その場所を探して、スケジュールに入れてみましょう。

もちろん、体調不良や急な仕事で、予定通りに走れないこともあるでしょう。その際は、スケジュールを見直してください。くれぐれもマイナスな気持ちや状況の中で、スケジュールに入っているからという理由で、心や身体にムチを打って走らないでくださいね。

走ることの基本は、スマイルです。笑顔で走れそうになければ、「走らない選択」をすることも大事です。**走ることで身体と心が疲れてしまうことのないように。**いったんその日はランニングから離れて、改めてスケジュールすれば良いだけですから。

私がリスケジュールする際は、「2日空けない」というマイルールに従って、スケジュールを見直しています。自分のマイルールを目標の隣に書き込んでおきましょう。

ワーク 7

あなたのマイルールをつくってみましょう。

ステップ⑥ 練習・目標の見直し

後で振り返れるよう、簡単でも良いので走った内容をスケジュール帳などにメモするようにしましょう。**1か月後、3か月後、1年後と、走った時間や距離（自分のがんばりの成果）が積み重なっていきます**。「続いた自分」をほめてあげてください。

心拍数なども併せて記録しておくと、自分の身体の変化もよくわかります。走った距離・時間・心拍数などは、スマートウォッチやアプリで計測・記録もしてくれるので、改めて書き出す必要がないのは便利です。私は走った距離だけスケジュール帳に別途記入し、後はアプリにおまかせです。

練習後の気持ちや体感は、距離と並べて記載します（たとえば、「走りはじめは身体がとても重く感じたが、10分くらいで軽くなってきた」「走り出しから足が軽く、スピードも上がった割に、心拍数は低めを推移」「2㎞くらい走ったところで、足に疲労を感じる。その疲労がずっと続く」など）。「練習後どう感じたか？」も、後で練習を振り返る時の大事なポイントとなるので、できるだけメモに残すよう心がけてください。調子が良ければ問題ないですが、調子の悪い日が続くようなら、必要に応じて練習メニューや時間などを見直しましょう。

何かヒントがほしい時は、コーチや周りのランナー、SNS上のラン友に相談してみてください。同じような問題を抱えている人、それを克服した人がたくさんいます。それでも解決できない場合は、SNSで「#くせラン」を付けて問いかけてください。私がお答えします！

目的や願望が変わったなら、それを認めて次に進んでください。柔軟性も大事です。起こったことに振り回されるのではなく、自分の軸を調整していけば良いのです。仕事や家庭でトラブルが起きたり、ケガや病気で健康に影響が及んだりした場合は、がんばりすぎず、目標を変えて（目標のハードルを下げて）ください。**走る頻度が減っても良いので、走ることから離れず、続けられるペースを見つけてくださいね。**

ワーク 8

取り組んだ練習を見直しましょう。

その練習を続けられそうですか？

続けられないと感じる場合は、何が理由でしょうか？

走るのが楽しくなる記録法①
アプリで「見える化」

積み重なった距離や時間、つまり、がんばった自分を振り返るのはうれしいものです。

私は、年の瀬のルーティンとして年のランニングスケジュールを立てています。次の年のスケジュール帳を開いて、翌年に出走するレースを決め、目標を書き込みます。

常に確認できるように目標を可視化しておくという意味もありますし、実際に走った年間の走行距離や走行時間を目標と比べて確認することで、その**積み重なった時間や距離が、自信へとつながっていきます。**

第2章でもお伝えした通り、いちいち書き出さなくても、スマートウォッチにはすべての記録はアプリで保存され蓄積されるので、振り返りが簡単かつ、正確になりました。

ここでは、走るのがより楽しくなるための記録方法をお伝えします。

アプリで「見える化」

スマートウォッチでの記録について紹介します。

スマートウォッチとスマートフォンのアプリを連動させておくと、走った距離、タイム、1kmごとのアベレージペースやコースの高低差などが、自動的に携帯のアプリに移行されます。走ったコースが地図上で表示されるので、振り返るのも楽しいです。

かなりの情報量に私はうれしくなってしまうのですが、より細かなデータを見ることもできます。たとえば、平均心拍数や最大心拍数、消費カロリーや水分消費量などです。有酸素運動効果と無酸素運動効果を計測し、今日の練習の強度を知ることができます。

アプリ画面例①距離・タイム・コース
（画像：Garmin Connect Mobile）

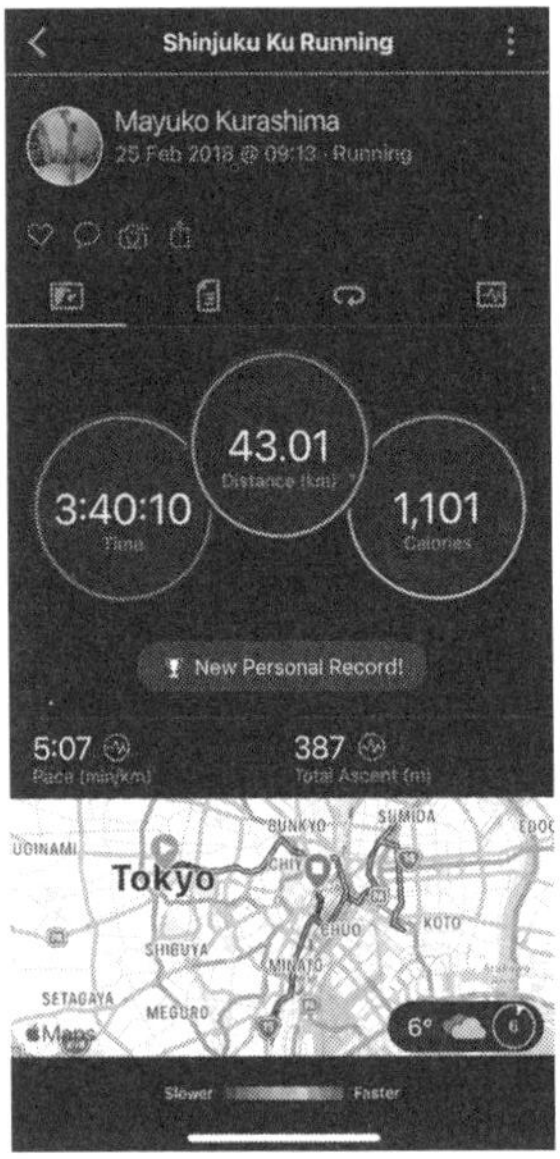

アプリの中には、運動負荷を数字で確認できるものもあります。運動後は、安静時よりも高い割合で酸素を消費し続けます。つまり、運動後もカロリーの燃焼が高いレベルで続くということです。カロリーの燃焼が続くのはうれし

いですが、運動負荷が高いと、身体が元の状態まで回復するのに少し時間を要するということも同時に意味します。

また「ランニング・ダイナミックス」と言って、どんな走り方をしていたのかも数字で読みとることができます。ケイデンス（1分間における足の回転数）を測ることで、自分は、ピッチ走法（狭い歩幅で足の回転数が多い）か、ストライド走法（広い歩幅で足の回転数が少ない）か、どっちの走法に近いのかを知ることができます。

アプリでは日々の練習データが累積されるので、1日のトレーニング結果だけでなく、月別・年別の記録もひと目で確認できます。

1年間で走ったトータル距離、トータル時間やトータル消費カロリーを1つの画面上で見ることができます。

アプリ画面例②累計走行距離

（画像：Garmin Connect Mobile）

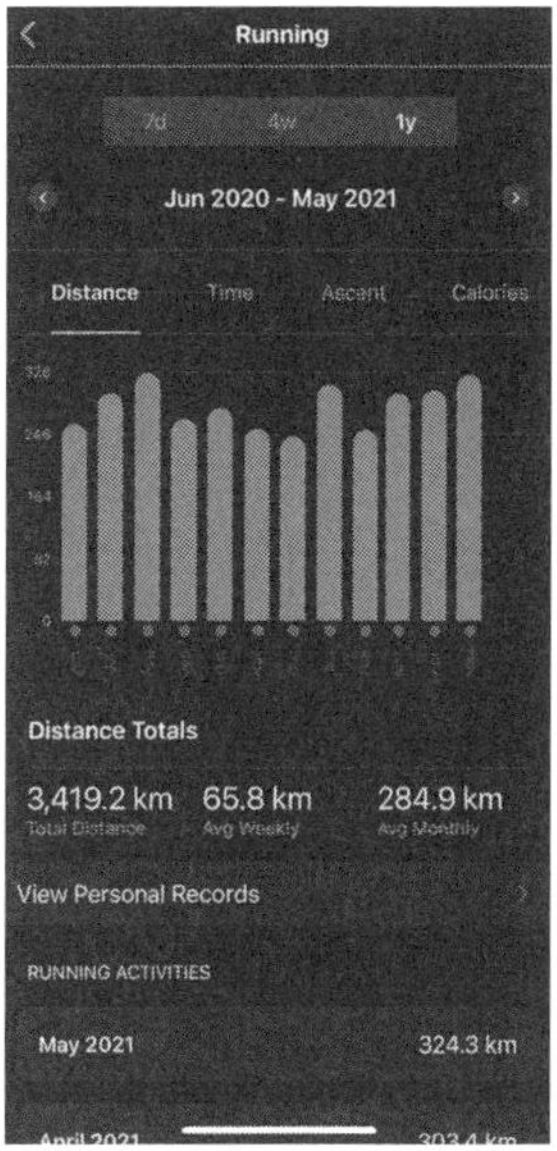

がんばりが数値化されたトータル消費カロリーを見ると、いつも私はニヤニヤしてしまいます。私はここ数年、大体1年間で3000〜3500㎞くらい走っていて、カロリーにすると約15万

㎉前後です。1年間で15万㎉を消費する自分をいつもほめています！　**何もしなければ、このカロリー分は身体の脂肪になっていた**ということです。自分を誇らしく思うとともに、これからも少しずつ走っていこうという意欲にもつながります。

記録をみんなでシェアすると、もっと楽しい！

走った記録はアプリを通してランニング仲間とシェアできます。誰かのがんばりを知ると、自分もがんばれます。他の人がどのような練習をしているのかも知れるので、自分のランの良い見本になることも、メリットです。

一緒に走らなくても、アプリで練習を共有でき、お互い声をかけ合うこともあります。ランニングを続けるうえで、仲間の存在は大きいので、ランニングをはじめた人にはそのような点でもランニングアプリを利用することをおすすめします。

走ったコース・距離・時間などのデータの共有から、「どんな走りだったのか？」「何を感じたのか？」など自分の感想を書き込めて、撮った写真を共有できるサービスもあります。Facebook・Instagram同様にコメントを入れ合ったり、「LIKE」（いいね）を付けたりすることもできます。友達から「いいね」やコメントをもらうと、それだけで続けるモチベーションにつながるでしょう。

アプリで仲間を見つける

アプリを使うと世界各国で走る仲間をつくることができます。自分が知らないだけで、実は走っている友だちがいることも多いです。まずはぜひ、自分の周りからラン友を見つけ、ぜひフォローしてみてください。そこから少しずつ走る仲間の輪が広がっていくはず。私も最初は、数人の仲間しかいませんでしたが、友達が友達を呼び、あっという間にアプリ上でラン友が増え、世界中でつながっています。

他にも、アプリ内で集まるバーチャルのランニングクラブを探したり（バーチャルのランニングクラブに入ることで、自分が住んでいる街の近くにラン友ができることもあります）、チャレンジグループに参加したりすることもできます。5kmのチャレンジグループはアプリ上に多く存在するので、まずは**達成可能な距離のチャレンジをセレクトして参加する**のをおすすめします。

走るのが楽しくなる記録法②
メモ・ノートで「見える化」

私は、細かい計測はスマートウォッチやアプリにまかせて、練習後に「どんな練習だったか」「自分の体調はどうか」を集中して考え、ノートに手書きで管理しています。

一度はスマートフォンで管理しようと試みたものの、ちょこちょこメモを入れやすいのと、書くことで頭を整理できるため、手書きの記録に戻りました。練習の日は、セルフミーティング的にノートに書き込みます。

朝いちばんでは、次の2つについて書きます。

①今日をどんな1日にしたいか：想像で、理想の現実を引き寄せる（112・113ページ参照）

②今日必ずやること：走る日は、他の予定と並べて「ランニング」と入れる

1日が終わった時点で、次のことを書き込みます。

③今日の自分をほめたいこと：スケジュール通り走れた自分をほめるなど
④今日の感謝：健康で、元気に走れた今日への感謝など
⑤今日の気づき・つぶやき：走った後の気持ちや、身体の調子など
⑥習慣に対してのフィードバック：ランニングについて2〜3週間に一度振り返る。習慣への振り返りを行なうことで、意識からランニングがなくなり、続かなくなることを遠ざける

他のセルフミーティングと同様、ランニングのセルフミーティングも、ランニングを習慣にしたいすべての人におすすめです。

新たにノートをつくらなくても、**すでにお持ちのスケジュール帳に、ランニングの感想や記録を残しておく**だけでも良いでしょう。そこでの記録が、あなたの「がんばり」として積み上がっていくと、励みになるものです。

［ランニングノートの記入例］

朝

今日をどんな1日にしたいか

週末は天気が悪くて走れなかったので、その分を取り戻す。仕事もサクサクこなす。

今日必ずやること

・ランニング15km
・ミーティング（10:30-11:30）
・企画書作成

夜

今日の自分をほめたいこと

・朝ラン22km。
　気持ち良く走れた！
・企画がまとまった！

今日の感謝

自分1人だと、この仕事ができていなかったと改めて感謝した日。

今日の気づき

久しぶりに走ったら、
足が軽い！

習慣に対してのフィードバック

少し早めに6時から走りはじめたら、気持ちにも余裕ができて、集中できた。

明日からできる「やせる走り方」

「朝食前」のランニングでやせる！

やせるためには、朝食の前に走るのがおすすめです。

体内でグリコーゲンが減る（食事前の状態になる）と、脂肪を燃焼させる脂質代謝が促進されます。つまり、**何かを食べる前の朝練は、脂肪燃焼スイッチが入りやすいのです。**

同じ強度・時間で走った場合、エネルギーと炭水化物の不足状態をつくり出している朝食前のランニングは、他の時間帯で走るよりも総脂質酸化量（脂肪が燃焼されてエネルギーになる量）が92％も多いという研究結果が出ています。

「ガチゆる走」で時短やせ！

やせることを目的にするなら、「ガチゆる走」をおすすめします。

「ガチゆる走」とは、「ガッチリ走り」と「ゆるゆる走り」を組み合わせる走り方です。

「ガチゆる走」は、インターバルトレーニング（少しの休み・ジョグを挟んで続けるスピードトレーニング）、ヒルトレーニング（坂道ダッシュ）など強度の高い練習（「ガッチリ走り」）の後、ゆっくりジョグを30分〜1時間ほど行なって（「ゆるゆる走り」）仕上げます（後ほど紹介する「3か月ランニング練習プラン」の中でも形を変えて登場しています）。

この練習方法は心肺機能を高め、走る底力を上げ、やせることにも効果を発揮するという研究結果が報告されています。

やせるプロセスは、次の通りです。

①「ガッチリ走り」で血中乳酸濃度が高まり、成長ホルモンやアドレナリンが多く放出される。これらが脂肪分解を促進することで、遊離脂肪酸（エネルギーの源として活用される脂肪分）が発生

②遊離脂肪酸が発生した後に、低強度の運動（ジョギングなどの「ゆるゆる走り」）を加えるこ

とで、脂質代謝が促進され、ぐんぐん脂肪が減る

脂質代謝は通常、長い時間の運動で促進されますが、この走り方をすれば、時短でやせることも可能になります。

「ＬＳＤラン」でやせる！

脂肪が燃焼し出すのは、運動をはじめて約20分経ってからと言われています。スポーツジムなどで「20分以上は走り続けてください」と言われるのもその理由からです。

運動時間が長いほど、脂肪の燃焼が進みます。 長く運動する時は、低強度が理想です。つまり、ゆっくり長く走る「ＬＳＤ（Long Slow Distance）ラン」で脂肪燃焼が促進されます。ゆっくり無理のない速度でも問題ないので、できれば90分以上を目標に走るとより効果的です。

1人だけで90分を走るのは大変ですので、週末などに友人と一緒に走るのも良いでしょう。私はよく友人に「おしゃべりランをしよう」と提案します。友人としゃべりながら走っていると、時間が経つのが早く、話し足りなくて、「もうちょっと走ろうか？」となる

こともあるくらいです。

「おしゃべりラン」が良いのは、**時間を感じさせないことに加え、会話することで心拍も鍛えられる**ことです。まさに一石二鳥ですね。ぜひお試しください。

私は、朝イチでラン友と話しながら2時間くらい走ることがあります。話が尽きず、あっという間に時間が経って、1人で走る時にはあり得ないほど時間が早く感じます。

もしお子さんが運動好きなら、ぜひお子さんと一緒に走る時間を取ってみてください。

私たち夫婦は、息子が1歳前の頃からレース会場に連れ回していたこともあって、息子は走ることが日常に普通にあるものとして育ちました。親がいつも楽しそうに走っているので、「走ることは楽しいに違いない！」と思っていたそうです。

「人の後ろについて走る」ことも、「誰かとラン」としておすすめです。同じコースをマイコースにしている人はいませんか？

皇居の周りなどたくさんの人が走っている場所は、自分よりちょっと速いペースで走る人を見つけやすいです。1人ではどうしても自分のペースから抜け出せず、ペース感がつかみづらいので、ここぞという練習をする時は、今日のラン友を見つけて一緒に（心で）走ってみてはいかがでしょうか。

5kmイベントに参加して がんばりを「見える化」

ただ何となく走るより、明確な焦点があったほうがスケジュールも立てやすく、「ゴールまでは行き着こう」とランニングを続けられやすくなるものです。その**小さな目標として最適なのが、5km**という距離です。

5kmであれば3か月くらいランニングを続ければ、十分に達成できます。5kmのレースやイベントを設定すれば、期限に向けて、がんばる気持ちが持続します。

5kmのレースはRUNNETやスポーツエントリー、e-moshicomなどで検索してみてください。お住まい近くのレースもきっとあるはずです。▼詳しくは175・176ページへ

イベントへの参加は、習慣づくりに最適

レースに出たことがない人は、レースを「ハードルが高いもの」と感じてしまうかもし

れませんが、そんなことはありません。制限時間が短い、アスリートやベテランランナー向けの大会もありますが、多くの大会は途中歩いても完走できる制限時間で、参加するすべてのランナーを応援してくれるものです。

レースディレクターと話をすると、どのディレクターもランニングの初心者に優しい大会づくりを目指していると言います。**初心者が無理なく参加でき、走ることを楽しめる、家族や仲間と参加できる大会**へと変わってきています。走るすばらしさを広めたい、走る裾野を広げたいという気持ちは、どのディレクターも同じです。

3か月後に5㎞のレースに参加している自分を、妄想しながら走ってください。それだけで練習は一段と楽しくなります。

レース参加後に自分がどう変わるかを、ぜひ体験してみてください。次の3か月後にまたレースを入れたくなるはずです。ただランニングを繰り返すよりも、レースに出ることで、練習が退屈なリピートではなくメリハリがついて、あっという間に3か月がすぎているはず。レースには、そんな不思議な力があります。

自分に合ったイベントを探してみましょう。

初心者でも5kmのレースに挑戦できる「3か月練習プラン」

ここでは「5kmのレース（パークランなど）に挑戦」を最初の目標とした、「3か月練習プラン」を紹介します。10kmレースへの参加でも基本は同じです。このプランに距離と強度を少し上乗せして、自身の10kmプランを作成してみてください。基本的に、この1週間のメニューを、強度を上げながら12週繰り返します。

①ジョグまたはウォークの日：毎週1回、最初は2kmから。最終的に5kmまで

②コンビネーション・トレーニングの日：毎週1回（3〜5.5km）

ウォームアップ＋ダイナミックストレッチ＋「メイン練習※」＋クールダウン

※「メイン練習」として次のメニューに取り組み、走れる時間を長くしていきましょう

・「50秒ラン＋30秒ジョグ（ウォーク）」を6〜8セット

・「2.5分ラン＋2分ジョグ（ウォーク）」を3〜4セット

・「2.5～3分ラン＋1.5分休む」を3～4セット

③筋トレやストレッチの日：毎週1回（30分くらい）

④時間を長めに取った練習の日：毎週1回（30分）

オプション1：ジョグ＋ウォークのコンビネーション

オプション2：坂道または山登り

オプション3：クロストレーニング（スイムやバイクなど）

最初は「すべて歩く」から入っても大丈夫です。動くことに慣れてきたら、徐々に走り出してみてください。歩くよりも速く進めたら、ジョグという認識でOKです！

このプランでは、1週間に3日の休みを設定しています。自分で練習メニューを組む場合でも、休みを設定するのを忘れないようにしてくださいね。

column

3 健康診断の値《あたい》がみるみる良くなる

私の友人は、今はスッキリ引きしまった身体ですが、以前は写真（次ページ）のようなぽっちゃり体型でした。

知り合ってしばらくして、彼が走りはじめたことを聞き、いつからか週末に一緒に走るようになりました。おしゃべりしながら、ゆっくりペースではじめたランニングでしたが、数か月後には、私が息を切らせて彼について行くようになりました。彼は走るスピードが上がるのと並行するように、見た目もどんどん変わっていきました。変わったのは、見かけだけではなく、フルマラソンを3時間20分で走り切るまでの走力がついていました。

彼に聞くと、やせるために何も特別なことはしていませんでした。走る予定をスケジュールに入れただけです。平日は出社前に走り、週末は誰かとランニングをする生活に少しずつ変えていった結果、気が付いたらやせていて、長く速く走れるようになっていました。

何よりうれしかったのが、健康診断の結果が一気に良くなったことだそうです。「要注意」だったコレステロール値、体脂肪率などがベストの「A判定」に。走ることで、器（体型）も中身（健康状態）も良い方向に動くことは予測していたけれど、健康診断の結果を良くするために走っていたわけではなかったと言います。

走ることで日々得ることがあまりに多く、レースを完走した時の充足感はランニングを続ける原動力となっていました。そんな中で副産物的に健康状態が改善され、健康診断の結果が良くなったことは、本当にうれしかったそう。ランニングがもたらすものは想像以上で、毎日たった1時間の朝ランが、彼をこれだけ変えてしまいました。

Before

▼

After

第4章

理想的な身体は、理想的な食生活から

走るためにも、健康的な食事が大切

楽しく健康的にランニング生活を送り、ランニングの効能を存分に実感するために、食生活を整えることは重要です。ここでは、食事の整え方について一緒に考えていきましょう。

食べた物を書き出してみよう!

昨日、何をどのくらい食べ、飲みましたか?

思い出してみて、できれば書き出してみてください。

そして、1週間続けて書き出してみましょう。朝昼晩の3食は、書き出さなくても覚えているかもしれませんが、間食や飲み物は忘れがちです。**口にした物すべてを量も含めて書き出します**。書き出すことで、自分が何をどれくらい食べているかを把握し、これからの食事に意識を向けやすくなります。

デスクワークをしていると、コーヒーばかり飲んでいることもあります。利尿作用があり、糖質が高い飲み物は水分補給には適していないので注意が必要です。**自分が日頃どのくらいの水分を摂っているのか**、ここで一度チェックしてください。日常的に足りていない場合は、1ℓのボトルをデスクに置いて、就業中にそれを飲み干すようにするなど、ちょっとした工夫をしてみましょう（157ページ参照）。

疲労を感じる日や朝の目覚めが悪い日は、食べた物を書いたメモを振り返ってみます。「調子が悪い日の前日に食べた食事は何か？」「それを食べて調子が悪くなったのは、たまたまなのか？」「それとも食事が合っていないのか？」と、自分で分析します。また、「良質なタンパク質・脂質・糖質を摂っているか？」「栄養バランスは取れているか？」などの複合的な事柄も、読み取れるでしょう。

食べる物を気の向くままに決めてしまうと、同じ食材を繰り返し食べて栄養が偏ったり、パンやパスタといった、精製された糖質だけでできた食材ばかり摂っていたりするものです。

この機会に、日常の食事もぜひ見直してください。

身体に必要な栄養素は？

ランニングで気持ちよく走るためにも、日々の生活を健康的にすごすためにも必要なのが、タンパク質・糖質・脂質・ビタミン・ミネラルをバランス良く摂ることです。

■身体を修復してくれるタンパク質

筋肉や内臓など、身体をつくる主成分がタンパク質です。肉類・魚介類・卵類・大豆などに含まれます。また、体内細胞の成長・修復をするので、スポーツを継続するためにも不可欠です。タンパク質は20種類のアミノ酸からできていて、そのうち11種類（非必須アミノ酸）は体内で合成されますが、他9種類（必須アミノ酸）は体内でつくることができず、食べ物から摂取しなければなりません。

■身体を動かすガソリン！　糖質（炭水化物）

糖質はエネルギー源、車で言うとガソリンです。これがないと身体は動きません。糖質（複合炭水化物）は、果物・野菜・穀物類に含まれます。できるだけ精製されていない（茶色系の）ものを選びましょう。白米・白砂糖・小麦粉などは精製される過程で、ミネラル・

ビタミン・食物繊維が失われてしまっているからです。

■脂肪を置き換えて、ストレスのない食生活に！

運動時に糖質が不足すると、脂質を分解してエネルギー源とします。また、ビタミンの吸収に脂肪は欠かせません。体脂肪という形で内臓の保護もしています。脂質も大事な栄養素ですが、脂質はタンパク質や炭水化物に比べてカロリーが約2倍もあります。摂り方によっては、健康にも体重にも悪影響を及ぼす可能性が大きくなるので注意が必要です。

脂肪には、飽和脂肪酸と不飽和脂肪酸の2種類の脂肪酸が含まれ、特に気をつけたいのは飽和脂肪酸（肉の脂身、ソーセージなどの加工製品、チーズ、バター、生クリームやアイスクリーム、マーガリンなどに多く含まれる）を摂りすぎることです。

ただし、「身体に悪い」脂肪はごく一部で、不飽和脂肪酸は身体に良い脂肪です。おすすめはアボカド。不飽和脂肪酸を多く含む「森のバター」と呼ばれるスーパー食材です。食物繊維を多く含んでいるおかげで、消化に時間がかかり腹持ちも良く、ダイエットにもおすすめです。アボカドの他、ナッツやシード類、魚にも不飽和脂肪酸が多く含まれます。

良い脂肪と良くない脂肪がわかれば、後は置き換えるだけでOK。

トーストに塗っていたバターは、バージンオリーブオイルに変える、スナックをポテトチップスからナッツに変える、ラテのミルクをカロリーの低いアーモンドミルクに変えるなど。**ちょっとした置き換え習慣さえ身に付ければ、好きなものを我慢するストレスもなくなります。**そして、食べることももっと楽しくなるはずです！

■身体を整えるビタミン・ミネラル

ビタミンとミネラルはタンパク質や糖質をエネルギーに変える代謝を補助し、疲労回復に欠かせない栄養素です。免疫力を高め、鉄分やカルシウムの吸収を助けます。ミネラルは、骨などの構成部分になり、身体の調子を整えます。

ミネラルの1つである鉄分が不足すると鉄欠乏性貧血に陥ります。ランニングをしながら何度も足を地面に蹴り続けると、溶血性貧血（スポーツ貧血）になりやすいので、鉄分は日常から意識して摂りたい成分です。

理想的な身体は理想的な食事から

ここで食事についての専門的知識も持ち合わせる、オリンピアンのジェシカ・ステンソンからのアドバイスをもとに、私が実践している食事法を紹介します。

「いつ」「何を」食べるか

自分にとっての理想的な身体をつくるには、「適切な燃料補給」と「回復」を伴う「トレーニング」がカギになります。つまり、ランニング自体のパフォーマンスも、ランニングから得られる数多くのメリットも、身体に最適な燃料を供給することで得られます。

体力、健康、食べ物との健康的な関係、そして幸せな気持ちを維持するために、「高品質な燃料」を身体に提供してあげてください。具体的には次の3点に気をつけましょう。

・パフォーマンスと回復に不可欠な、**炭水化物・タンパク質・（良質な）脂質**をバランス良く摂る

・免疫力を高め、ウェルビーイング（心身が幸福な状態）をサポートする、**ミネラルやビタミン**の豊富な食べ物を積極的に摂る

・身体の炎症を悪化させる**加工食品をできるだけ摂らない**

トレーニング日とレース当日の食事

練習前後は、摂取するタイミングも重要です。練習の強度によってその量は変わりますが、基本的には次のことを念頭に置いてください。

・練習の30分～1時間前は、練習中の筋肉にエネルギーを供給する炭水化物を摂取

・練習後30分以内に、筋組織・骨組織の修復を促進する、高品質のタンパク質や炭水化物を含む食事または軽めのスナックを摂取

ここで、高強度のトレーニング日とレース当日の食事の例をいくつか紹介します。

〔朝のトレーニング前〕

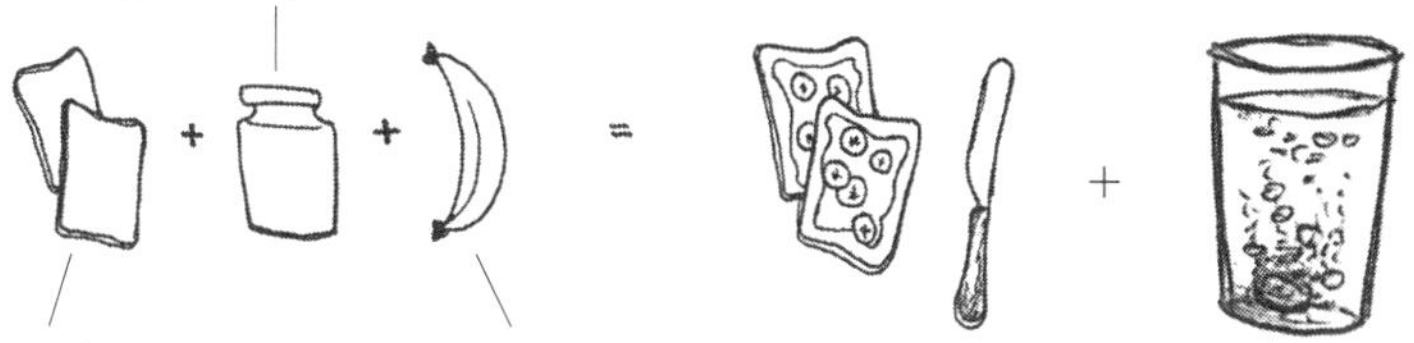

〔朝のトレーニング後（30 分以内）〕

①

②

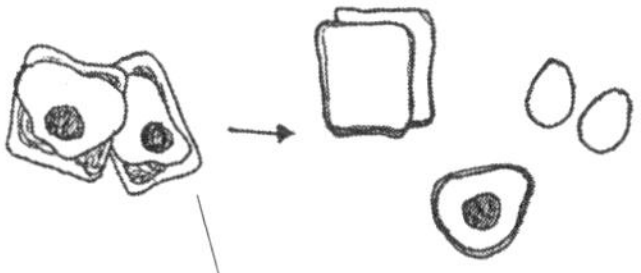

③

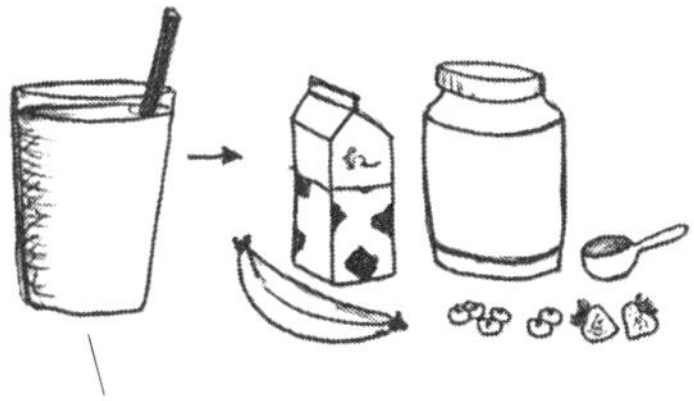

〔夕方・夜のトレーニング前〕

巻き寿司やおにぎり

チキンと野菜のサンドイッチ

〔夕方・夜のトレーニング後〕

チキンと野菜のいためもの

サーモンのソテーと
ロースト野菜

ボロネーゼスパゲッティ

〔レース前（2時間前まで）〕

電解質入りのスポーツドリンク

走っているのにやせないのは、食べ方が間違っているから

食べる量を減らしても、体重が減るとは限りません。早くやせたいがために食べる量を極端に減らすと、身体が完全に回復しないばかりか、「省エネモード」に入って、脂肪が燃えにくくなります。人間の生命を守る機能が発動し、食べ物が少なくても生きていけるモードに身体が変換されることで、基礎代謝率もパフォーマンスも落ちてしまうのです。

そうなると本末転倒です。走ったからと言って、必要以上に食べてしまってはもちろん良くないですが、身体を回復させ、基礎代謝率を上げるためにも（身体に疲労が溜まっているると、代謝が悪くなります）、着実に結果を出す「正しい食べ方」をしていく必要があります。

脂肪分の少ないタンパク質、季節の食べ物、フルーツや野菜などで身体に燃料を補充してください。

ランニングにおける「サプリメント」の役割

食べ物から必要な栄養素をすべて摂れるのなら、それに越したことはありませんが、すべてを食事から摂るのはなかなか大変です。足りない栄養素を補なったり、効果的に持久力を向上させたり、練習後の疲労を素早く回復させるために、サプリメントを上手に活用するのもおすすめです。

ランニングにおけるサプリメントの役割は、大きく分けると次の3つです。

・日常的に摂取して、ランニングで健康を維持するためのサプリメント
・ランニング前やランニング中に摂取して、効果的な走りをするためのサプリメント
・ランニング後に摂取して、疲労回復をはかるサプリメント

サプリメントは、摂取するタイミングによっても効果が変わります。

日常的に摂りたいサプリ（健康維持）

鉄分	酸素を運搬する役割。不足すると、疲労や頭痛などにつながる
マグネシウム	不足すると、筋けいれんや筋肉疲労に陥る
マルチビタミン	糖質・脂質・タンパク質の代謝を助け、疲労回復を促進する
パプリカキサントフィル	呼吸持久力を高める

ランニング前に摂りたいサプリ（効果的な走りを実現）

BCAA	運動時のエネルギー源になり、 筋肉を構成するアミノ酸の約40％を占める
塩飴	ミネラル・塩分・水分の補給になる 熱中症や足のつりの予防になる
ヒドロキシクエン酸	脂肪を効率良くエネルギーに変換する

ランニング後に摂りたいサプリ（疲労回復）

アミノ酸	筋肉の修復やリカバリーに効果大
マグネシウム	マグネシウムスプレーは痛みや炎症にも効く。 入浴剤は、疲れを取り、睡眠の質を上げる効果がある
クエン酸	運動後に糖質と同時に摂取することで、疲労の回復を進める

アミノ酸サプリメントの摂り方

エネルギーや栄養素を大量に消費した運動直後は、一種の飢餓状態となります。**運動後30分続く、その飢餓状態は「筋肉づくりのゴールデンタイム」**とも言われています。このゴールデンタイム内にアミノ酸を摂取することで、筋繊維を修復し、筋力を大きくアップさせることができます。

私は40㎞走った後にアミノ酸サプリメントを試してみました。ロング走の翌日はいつも疲労が残ってしまいますが、アミノ酸を摂取したこの日は疲れ知らず！　しかも筋肉の疲労もほぼ感じていません。科学的に走る大切さを知りました。

また、よりスピーディーにアミノ酸を吸収したい場合は、**ペプチドのアミノ酸サプリ**を選ぶと良いでしょう。ペプチドとは、タンパク質が消化酵素で分解されてアミノ酸が複数個くっ付いた状態の呼び名です。アミノ酸単体だと、吸収に時間がかかりますが、ペプチドであれば数個まとめて吸収できるので、その分、効率的と言えます。薬局でも購入できるので、ぜひその効果を気軽に試してみてください。

水分は、体重×3.3％＋αを少しずつ摂る

スポーツをしなくても、**1日に体重（kg）のおよそ3.3％の水が必要**です。50kgの人であれば、1.5ℓほど。カフェインやアルコール以外で2ℓ前後を飲む必要があります。走る時は、これに加えて水分を補給することが必要です。運動すると、寒い冬でも身体は熱を出します。汗をかくことで熱は放散し、体温の上昇を防ぎます。

汗で出た分の水分を補わないと、血液は量が減り、濃くドロドロになります。心臓は血液を流しにくくなり、心拍数がぐっと上がります。「これ以上、水分を放出してはいけない！」と脳が指令し汗が止まったら、身体の熱を放出できず、熱中症を引き起こします。

ただし、水分補給を心がけるあまり、水分を一気に摂りすぎないように。お腹がゴロゴロして、かえって調子が悪くなる原因にもなりかねません。**水分はまめに少しずつ**。のどがかわいたと思った時は、すでに遅いと言われているくらいなので、そう思う前でも水分を補給する習慣をつけましょう。これもくせ付けです。

column

4 長谷川理恵さんは、ランニング習慣で、あらゆる習慣を改善した！

長谷川理恵さん（ファッションモデル）は、テレビの特番でホノルルマラソンを走ることになったことがきっかけで、走る世界と出会いました。

せっかく出場するからにはと、がんばって練習し、初フルマラソンをサブフォー（4時間切り）で走り切る目標を立てました。タイムは3時間59分21秒で見事に目標を達成。その頃は本格的に走るモデルは1人もいませんでした。走る女性の先駆者として、今も女性のマラソン参加を引っ張り続ける彼女は、ホノルルマラソンに10回連続で出場するなど、精力的に走り続けています。

もともとスポーツが得意だったのかと思いきや、彼女はそれまで運動とはまったく縁のない生活を送っていたと言います。特にモデルをはじめてからは、「やせろ、やせろ」と言われ続けて、「食べない・運動もしない」生活を送っていたそうです。タバコを吸っていたのもあり、いつも体調の悪さを感じていました。

それが、走るチャンスを与えられてから生活は一変。自ら走る時間を探すようになり、その時間をきっちりスケジュールに組み込まないと気が済まないほどになりました。

走るようになって、まずタバコが吸えなくなり、野菜が好きになりました。それまで野菜をほぼ食べずに生きてきた彼女ですが、走り出して身体が野菜を欲するようになりました。今では、野菜ソムリエの資格を持つほどの野菜好きで、走る習慣によって考えも180度変わってしまったのです。毎日食べたものを書き出して、食品成分表と見比べて、食事の見直しをするようにもなりました。走る習慣がついた時、あらゆる生活習慣が良い方向に変わったと言います。

著者と長谷川理恵さん

第5章

大会参加で
ランニングを楽しみ尽くす

「非日常ラン」を楽しむ！

毎日似たようなコースを走っていては、ランニングのモチベーションが下がってしまうことがあります。次に紹介するのは、日常から少し飛び出した「非日常」のランニングです。ぜひ楽しみながら実践してみてください。

パークラン

パークランは、毎週土曜日か日曜日の朝に開催される、５㎞のイベントです。**歩いても走っても、犬の散歩をしても大丈夫**なので、初心者ランナーも参加しやすいです。

パークランは２００４年に英国ではじめて開催されてから、２０２４年現在、世界22か国に広がっています。参加は無料で、世界どの国も週末の朝に開催される、地域に根付いたイベントです。レースではありませんが、タイムを計測してくれるので、参加するごとに、走る力が付いてくることも実感できます。日本でも各地で開催されているので、ぜひ調べてみてください。

参加回数が、10、25、50、100、250、500回になると、オリジナルの「マイルストーンTシャツ」が購入できます。このTシャツ獲得を目指して、パークランに参加し続けている人もたくさんいます。パークランへの参加で、いつしか走ることが習慣化して、10㎞、ハーフマラソン、フルマラソンと距離を伸ばしているランナーはとても多いです。

マラニック

マラニックとは、マラソンとピクニックをかけ合わせてできた造語で、マラソンとピクニックの良いとこ取りとも言えます。「長距離を走りたい！」それも「できるだけ楽しく！」というランナーの欲望からできたのがマラニック。マラニックの楽しみ方もさまざまで、よく見かけるのは、「○○巡り」系のマラニックです。

たとえば、おいしいパン屋巡りラン、おいしいうどん屋巡りラン。最初に行きたいパン屋やうどん屋をいくつか選んで、それらのお店をつなぐように走るコースを決めます。おいしいパンを食べるためなら走ることもがんばれて、距離も稼げます。**食べても走って消**

費されるので、罪悪感なし！ 何より、時間が経つのがあっという間なのが、1人で黙々とするランニングとのうれしい違いです。

食べ物以外でも、「紫陽花《あじさい》お寺巡りラン」や「絶景スポット巡りラン」なども楽しいマラニックです。友人と一緒に参加するのはもちろん楽しいですが、「〇〇巡り」マラニックなら1人でも十分楽しめるのも魅力です。

「おしゃべりラン」も1つのマラニックです。折り返しをカフェにして、そこで一服してからランニングに戻ることもできます。走る目的も友人とのキャッチアップも両方達成できるのが良いところです。

トレイルラン

トレイルランは、登山道やハイキングコースでのランニングです。大自然を走って味わうことは、本当に贅沢《ぜいたく》です。休日に朝早くから出かけることに、正直面倒に感じるかもしれませんが、私はトレイルランに参加して失望したことは一度もありません。**ゆっくり一歩一歩登ってたどり着いた場所からの絶景**に思わず声がもれ、みんな笑顔になります。オーストラリアでのトレイルランの道中、野生のカンガルーやコアラに遭遇したり、山のように実ったワイルドベリーを摘んで食べながら走ったりしたこともあります。

大自然を満喫できる、魅力にあふれたトレイルランで、すばらしい1日になること間違いなしです。

旅ラン

非日常を最大限に楽しむには、「大会出場＋旅」を目一杯楽しめる「旅ラン」がおすすめです。大好きな街・行ってみたい街に旅をしながら、レースにも出る。そのために「レースまでがんばって練習＋レースを走り切る」という大きな目標を立て、それを達成した自分に**「旅をするご褒美」**も付けたのが旅ランです。

モチベーションを高く維持し続け、がんばった自分へのご褒美旅の計画をワクワクしながら立てるのも、楽しい時間です。大会を決めて、旅の計画を練り、そして練習の計画を立てる。走ることに目的ができ、日々走ることの意味を強く持てるようになります。

次からは、私がおすすめする日本と海外のマラソン大会を紹介します。

日本のマラソン大会を楽しむ！

たんのカレーライスマラソン

北海道北見市で毎年9月に開催されるチームイベント。タイムや順位を競わないマラソン大会で、気持ちよく汗をかき、お腹がすいたら**地元産の食材を使って自らつくったカレーライスを食べる大会**。仮装コンテストや、カレーライスの大食いコンテストも同時開催。

鈴鹿シティマラソン

F1日本グランプリや鈴鹿8時間耐久レースなどで注目を浴びる鈴鹿サーキット場が大会会場という、車好きやバイク好きにはうれしすぎる大会。毎年12月に開催されており、サーキット場の特性を活かした、**車いす種目がとても充実**した他に見ない大会です。

人間塩出し昆布マラソン

レース前後の体重差で順位が発表される大会。給水ポイントで水分を摂らないと失格になります（安全に走ることがいちばんですからね）。タイムではない形で順位が出るのはおもしろいですね。神奈川県藤沢市で、毎年5月に開催され、種目は5㎞と10㎞で初心者が参加しやすいのも、魅力的です。

富里スイカロードレース

千葉県富里市で毎年6月に開催される10㎞のロードレース。富里名産のスイカで、かわいたのどを潤します。会場にはたくさんのスイカサービスコーナーが設置されていて、**1位から20位までの入賞者には富里スイカがひと玉贈呈**されます。

その他にも日本には、「天童ラ・フランスマラソン」（山形県）や「有田みかん海道マラソン」（和歌山県）など、フルーツとマラソンをかけ合わせた大会が数多くあります。

全国スイーツマラソン

「走った人に、ご褒美を。」というコンセプトで、「スイーツ」と「マラソン」がコラボした大会。最大の特徴は、エイドステーションでのスイーツ。地元のショップや全国の有名店から提供された、**300種類以上のひと口サイズスイーツが食べ放題なのです！** これなら友人を気軽に誘えますね。

和歌山ジャズマラソン

レースの舞台は、日本遺産「絶景の宝庫 和歌の浦」。歴史文化を肌で感じながら、風光《ふうこう》明媚《めいび》な景色の中を駆け抜けます。ハーフマラソンは紀州徳川家の居城「和歌山城」からスタート。コースの沿道にジャズのライブステージが設けられ、**生演奏がランナーを後押し**してくれ、ゴール後は、和歌山特産のみかんも振る舞われます。

名古屋ウィメンズマラソン

マラソン名どおり、**女性だけが参加できるフルマラソン大会**です。毎年2万人を超える女子ランナーが参加しており、**世界最大の女子マラソン**としてギネス世界記録（2023年時点）に認定されています。

この大会の最大の目玉は、**完走者全員に贈られるティファニーのオリジナルペンダント！**フィニッシュゲートをくぐると、タキシードの男性が1人ひとりに大会オリジナルデザインのペンダントが入った「ブルーボックス」を手渡してくれます。

制限時間は7時間なので、練習して挑めば、初心者も完走できます。高速コースとして世界でも知られており、世界各国からのエリートと一緒に走ることができるのも魅力です。

ランニング大会は、「ただ懸命に走るだけ」ではなく、「走ることを楽しむ」お祭りへと変わってきています。イベントを主催する人々の「走ることを楽しんでもらいたい」「誰でも楽しめる大会にしたい」という熱い気持ちが、大会を少しずつ、少しずつ変えてきました。

せっかく走りはじめたのなら、このお祭りに参加しない手はありません。途中で苦しくなったら、歩いてもいいのです。そのくらい気楽に参加してみてください。フィニッシュラインを踏んだ時、きっともっとランニングが好きになっていることでしょう。

海外のマラソン大会を楽しむ！

ここでは海外のマラソン大会を紹介します。ここで紹介しきれなかった魅力的な大会が、まだまだたくさんあります。ぜひ調べてみてください。

ウォルトディズニーワールドマラソン

フロリダ州のディズニーワールドで、毎年1月に開催される大人気マラソン大会です。目玉は何と言っても、オリジナルのディズニー完走メダルです。

さらに大人気なのは、5㎞・10㎞・ハーフ・フルの4つすべての距離の完走を目指すチャレンジと、ハーフとフルマラソンの2つの完走を目指すチャレンジの、2つのチャレンジイベントがあります。チャレンジに成功するとメダルがまた別にもらえるという、ディズニーファンには心躍る特典が用意されています。コース上では**ディズニーキャラクター**

が応援してくれ、ディズニーならではのエンターテインメントも走りながら楽しめます。

大会のエントリー権はすぐ売り切れてしまうので注意です。

メドックマラソン

赤ワインで有名なフランスのボルドー地方・メドックで、毎年9月のぶどう収穫前に開催されるフルマラソンです。

何と言っても、**コース上のシャトーで出されるワイン**がこのマラソンの目玉。そこでは、ワインや水はもちろん、オイスター、ステーキ、チーズやハムなども振る舞われます。この大会には毎年仮装のテーマがあり（たとえばSFとかアニメヒーローとか）、コスチュームで走るのも楽しいです。完走者にはメダルとワインが贈呈され、女性ランナーには赤いバラの花1本が贈られます。フランスらしい優美な特典ですね。

ロックンロールマラソンシリーズ

米国で1998年にスタートしたロックンロールマラソンシリーズ。現在は米国以外でも開催されていて、その中でもラスベガス・ロックンロールマラソンが有名です。総勢4万人を超えるランナーが夜の街ラスベガスの目抜き通りを走り抜けます。コース上はもちろん、ロックンロールのエンターテインメントがあちらこちらで楽しめます。レース前後に開催される**ロックンロールステージ**も毎年大盛り上がり！　ロック好きにはたまらないレースですね。

カラーラン

米国で最も大きい5㎞のイベントが、カラーラン。コース上にいくつかのカラースポットが設けられ、そこではピンクやブルー、グリーンのカラーがあちこちから降ってくるので、**ランナーたちは走りながらカラフルな色に染まっていきます。**

現在までに日本を含め50か国以上で開催されているカラーラン。私も一度参加しましたが、大会会場は、今まで見たことのないカラフルな色に染まり、参加者たちは大いに盛り上がっていました。最後のスポットの「あわあわポイント」で、泡で身体を洗濯してフィニッシュです。子どもも楽しめる、変わり種の楽しいイベントです。

column 5

夢舞いマラソンから東京マラソンへ

「都心を走ろう3万人で！」をスローガンに、「東京マラソン」の実現に向かって、第1回「東京夢舞いマラソン」が2001年1月に開催されました。市民主導のNPO法人主催で、「歩道を使い、信号を遵守する」という形で、77名が東京の街を走り抜けました。

2004年には海外からの参加者も含め過去最高の2500人を記録。ボランティアの数も500人を超える大会となり、「都心を走ろう3万人で！」のスローガンに近づきました。その思いが当時の石原慎太郎都知事の心を動かし、銀座などの目抜き通りを走る「東京マラソン」の構想を発表。そして2007年2月、市民ランナーの夢であった第1回東京マラソンが実現することになったのです。

東京マラソンが実現した2007年、夢舞いマラソンは終了する予定でしたが、「東京の街をのんびりマラニックできる夢舞いマラソンを残してほしい」という要望が多く寄せられ、2008年からは、東京をのんびり自転車散歩できる「東京夢舞いポタリング」も、マラソンと同時開催されています。

東京マラソンは2013年にはワールドメジャーズ（マラソンの世界一をポイント制で決定するシリーズ戦）にも選ばれ、今やニューヨーク、ロンドン大会と並ぶところとなりました。

私もこの夢舞いマラソンのコンセプトに心打たれ、ボランティアやランナーとして参加しました。その後も東京マラソンを走るたびに、夢舞いの頃の熱い気持ちを思い出します。

大会には
どうやって出れば良いの？

ここでは、大会に出るまでの流れを紹介します。

国内レース・エントリー方法

国内のレースは、ランニング大会のエントリーサイトで検索でき、そこから申し込むことができます。おすすめのエントリーサイトは次の通りです。

日本全国の大会をほぼ網羅しているサイト

RUNNET（http://runnet.jp）

スポーツエントリー（http://www.sportsentry.ne.jp）

ファンラン（タイムを競い合ったり、自己ベスト更新のためではなく、ランニングを楽しむことが目的の「fun running」）**に特化したサイト**

SPORTSONE（http://sportsone.jp）

初心者にもおすすめの、イベント・練習会・セミナーに特化したサイト

e-moshicom（http://moshicom.com）

出走したい大会が決まっていれば、大会のウェブサイトから申し込むこともできます。短い距離（5㎞・10㎞）のレースは、申し込めば誰でも参加できる大会が多い一方で、人気大会では、抽選（東京マラソンや名古屋ウィメンズマラソンなど）や、先着順でエントリーが決まる大会など、大会によって勝手が違います。エントリーについての詳細は、公式サイトで事前によく確認してくださいね。

エントリーが確定したら、大会事務局からメールなどでエントリー完了のお知らせが届きます。大会までのスケジュールや、（大会によっては）ゼッケン番号も通知されます。レース以外にも、前日やレース後のイベントを多くの大会で予定しているので、レースと併せて前後のイベントもよく確認してくださいね。

大会が近づくと、「参加者案内」がメールまたは封書で届くので、コースや交通情報（駐車場など）、ゼッケンの受け取り方法、エキスポ情報、注意事項などを確認してください。**「参加案内」を出さない大会もあるので、注意が必要です。**その場合は出場する大会のウェブサイトで参加者案内を確認してください。

海外レース・エントリー方法

海外マラソンに参加する場合は、まず出走したい大会を選んで、その大会のウェブサイトを確認しましょう。エントリーサイトが大会ウェブサイトの中にあることがほとんどです。人気の大会は売り出してすぐに売り切れになるので、前年の大会が終わったらすぐに、大会ウェブサイトを確認して、翌年の開催日やエントリー開始日などチェックすることをおすすめします。

海外マラソンのウェブサイトは、どの大会でも英語表記はありますが、基本はその国の言語で記載されているので注意してください。

日本人参加者の多い大会だと、大会の日本事務局がある場合もあります。ハワイのホノルル・マウイ、オーストラリアのシドニー・メルボルン・ゴールドコーストなどには、日本事務局が設けられていて、日本語でエントリーできます。

エントリーが完了したら、日本の大会と同様、事務局からメールが届くので、種目・ゼッケン番号やマラソンウィークの日程などを確認してください。日本事務局を通してエントリーした場合は、日本事務局のイベントが、大会事務局とは別に開催されることもあります。併せて確認してください。

旅行会社のマラソンツアーを利用する

自分で手配する以外にも、旅行会社のランニングパックに参加する方法もあります。ワールドメジャーズの大会など、なかなか自分でエントリーを取ることができない大きな大会を中心に、いくつかの旅行会社でマラソンツアーを主催しています。

海外のマラソンツアーは1人で参加する人も多く、ツアーの中でランニング友達ができることもあります。ランニングの仲間をつくるのにも、マラソンツアー（国内大会でも主催されています）はおすすめです。

マラソン（国内・海外）参加日程のつくり方

マラソン大会のエントリー方法がわかったところで、次は、大会に参加し、フィニッシュラインを踏むまでの流れを時系列に沿って紹介します。

準備

①レース1年前～6か月前：参加するレース決定！

②レース前後の宿泊ホテルを確保

エントリーより先、または同時に、ホテルを確保しましょう。レース期間中は、レース会場周辺のホテルはとても混みます。大きな大会では、海外からもたくさんの参加者がやってくるので、ホテル代もレース期間中は軒並み上がり、かつ予約が取りにくくなります。これに加えて、大きな大会では旅行会社が早い段階からツアー用の部屋を確保しているため、直前の予約はより難しくなります。早めに確保すればホテル料金を比較的安くおさえることもできます。

キャンセル料金が発生するのは、せいぜい1週間くらい前からなので、万が一レースに出られなくなる場合も、取り消しはできます。ただし、早い段階からキャンセルチャージがかかる場合もあるので、注意事項はしっかりチェックしてください。

③大会にエントリー

大会によっては、エントリー期間によって料金を変えています。早めのエントリーで料金が安くなりますが、ケガで練習できなくなる場合も視野に入れて、エントリー日を決定しましょう。

④旅行日程を決める

大会参加時の宿泊以外の日程を決めましょう。ここがいちばんワクワクするかもしれません。国内のレースの場合は、新幹線や飛行機などの手配、海外の場合は国際線の飛行機の手配や、国によってはビザの取得や入国登録などが必要になります。ホテルや移動手段を確保し、併せてご褒美旅行の内容も決めて気持ちを盛り上げてください！

旅行前

①大会事務局から届いている参加確認書を再度確認

参加確認書に表記されている、エントリー種目・名前などが正しいかを確認してくださ い。確認書にはゼッケン番号が記載されていることが多いです。ゼッケン引き取りの際は、その番号を提示してください。

また、レースのスタート時間や場所、駐車場の場所、当日のスケジュールなどの最終案内となるので、詳細まで確認をするようにしてください。

②ゼッケンの受け渡しを確認

大会によっては事前にゼッケンが郵送で送られる場合もありますが、大会会場や大会前のエキスポでゼッケンを受け取るのが基本です。

ゼッケンを受け取る時間と場所を確認してください。そして**コースの確認**もしましょう。たくさんの人が走りますし、コース上には表示があるので、間違えることはほぼないですが、それでも間違える人を今まで何人も見ました。そのレースのためにしっかり練習してきたのに、コースを間違えてしまって、公式結果が出ないのは悔しいものです。また、コースマップと併せて高低差もチェックしておくと、坂道などに心の準備もできます。

③持ち物のチェック

レースに必要な物をきちんと準備しているか確認しましょう。遠征の場合は、当日の天気がどうなるか読めないこともあるので、どのような天候になっても良いように、いくつかのパターンの荷物をスーツケースにつめてください。

レースウェアに加えて、キャップやサングラス（寒い日は手袋やアームウォーマーなども）、ランニング用スマートウォッチと充電器、レース会場まで着ていく服（ジャージの上下など）、大会会場で預ける荷物の袋、着替えのTシャツやサンダル（足が疲れて、シューズを脱ぎたい時に使う）なども持ち物リストに加えてくださいね。もちろん、ランニングシューズは必須です。レース前に飲みたいサプリメントや胃腸薬なども必要に応じてそろえましょう。

「ランニング大会に行くのに、ランニングシューズを忘れるなんてことはない」と思いますよね。しかし……、**ランニングシューズを忘れる人もいるのです。**会場までは日常使用のシューズで来て、レース会場で履き替えるつもりだったけれど、リュックの中に肝心のシューズが入ってない！　スタート地点でシューズを買えない場合は、選択肢もなく、間に合わせのシューズで走ることになります。みなさん、それだけは避けてくださいね。

短い距離でも、走り慣れないシューズではケガをする可能性もありますし、モチベーションも下がってしまいます。

忘れがちなのが、**スマートウォッチの充電**です。レース前にバッテリーがないことに気が付くケースをよく聞きます。何事も準備は大事。持ち物リストはきちんと準備して、家を出発する前に、忘れ物はないかどうかをチェックしましょう。

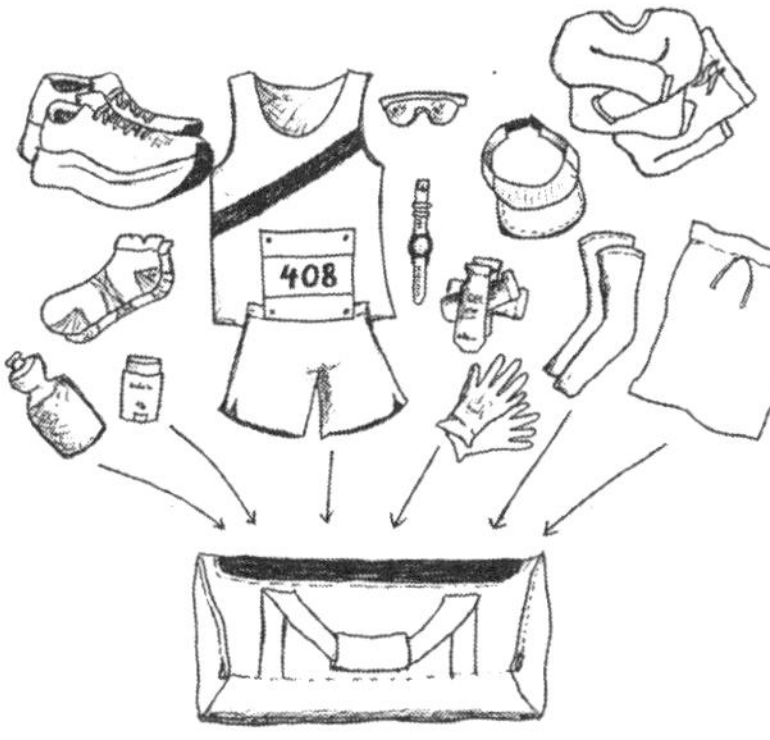

④コンディショニング

5km、10kmの距離であれば、1週間ほど前からカーボローディング（炭水化物メインの食事に変える）をする必要はありませんが、食事の内容をタンパク質よりも炭水化物多めにシフトしてみてください。レースに向けて身体にエネルギーを蓄えます。

⑤出発1か月前までにパスポート・ビザなど再確認（海外レースの場合）

海外レースに出る際に忘れがちなのが、**パスポートの有効期限やその国に必要なビザ、渡航登録**などです。特にパスポート忘れや期限切れ、パスポートの残存期間が入国の際に必要な期間を満たしているかなどには注意しましょう（たとえばインドネシアの入国には、パスポートの残存が6か月必要なので、残存が5か月しかなかった場合は入国できません）。楽しみにしていた旅ができなくなる人もいます。出発まで1か月あれば何とかなるので、大丈夫だと思っていても、念のため、早めに確認してくださいね。

旅行開始

次のページは、海外のマラソンに参加するまでのサンプル行程表です。参考にしてみてください。参加の流れは、基本的に国内でも海外でも同様です。

［シドニーマラソンツアー（ハーフマラソン参加の場合）］

月日	曜日	時間	内容
9月12日	木	19:20	JL051：東京 / 羽田空港 発
9月13日	金	5:10	シドニー空港 着
9月14日	土	AM	**ゼッケンピックアップ（マラソンエキスポーシドニータウンホール）**
		PM	**レース当日の朝食及び軽食の買い出し（バナナ・水など）**
			夕食
9月15日	日	3:30	**起床**
		4:30	電車にてスタート地点へ
		4:45	**会場到着**
		5:45	ハーフマラソンレーススタート
			レースフィニッシュ
9月16日	月	AM	シドニーカフェ巡り
		PM	マッサージ・スパ
9月17日	火	終日	ブルーマウンテン観光
9月18日	水	8:15	JL052：シドニー 空港 発
		17:55	東京 / 羽田空港 着

［ポイント］

- 事前にレストランを調べて予約
- レーススタートが朝早いので、早めに就寝

レースの2時間前までには起きて、朝食を食べておきたい

- スタート1時間前が目安
- ウォームアップ
- トイレ（列ができるので早めに並ぶ）
- 荷物を預ける

フィニッシャーズメダルをもらってから、荷物のピックアップ

日本出発前に要予約

①ゼッケンの受け取り

エキスポでのゼッケン引き渡しの場合は、大会の前日までにエキスポにてゼッケンを受け取りましょう。大きな大会では、エキスポにたくさんのブースが出店されているので、それを見て回るのも楽しいです。

注意点としては、特に大きい大会の場合、エキスポが大変混み合います。東京マラソンでもボストンマラソンでも、**エキスポに入るまでかなり待ちます**。時間に余裕を持ってゼッケンの引き取りに行ってください。

大会当日、レース会場でゼッケンを受け取る際も同様で、列になることが多々あるので、大会会場には時間の余裕を持って出かけてください。

②朝食の確保

朝食は、レース当日最後のエネルギー補給の機会です。レースのスタート時間は朝早いことが多いので、**自分に合った朝食を前日までに用意**してください。

③レース前の夕食

食べ慣れたものを食べることをおすすめします（その土地のものは、レースが終わってから）。私は遠征の際も、いつもレース前に食べているご飯を準備しています。炭水化物を多めに摂っておきたいですね。

④大会会場までの行き方や、所要時間をチェック

大会会場までのスケジュール表を作成すると良いでしょう。電車を利用する場合は発着時間、乗り換え時間など細かく確認してください。

レース当日

①レーススタートの2～3時間前までには起床

起床時間を早めにするのは、身体がある程度動くようになるまでに時間がかかるのと、消化を進めるために、朝食をレーススタートの2時間くらい前までには食べておきたいからです。私は出発の1時間半前（レースの3時間くらい前）を目処に起床するようにしています。

②レーススタートの1時間半〜2時間前までに朝食を摂る

前日までに用意した朝食と水分を摂りましょう。

③レーススタート1時間前を目処に、大会会場に到着（大きな大会はもっと早めが良い）

ウォームアップをしたり、トイレに並んだり、荷物を預けたりと、大会会場ではやることが多いので、1時間はあっという間です。**余裕を持って会場に到着してください。**時間がギリギリだとそれだけで気持ちが焦ってしまいます。

④ウォームアップ・水分補給

5㎞、10㎞の短い距離のレースほど、ウォームアップをしてください。長いレースだと、最初をゆっくり走ることでウォームアップにもなりますが、短いレースは最初から飛ばす人が多く、それにつられて走ると、思いがけず速いスピードになってしまいます。突然のダッシュは心臓や膝・関節などに負担がかかります。ウォームアップで「走れる身体」にしてからレースをスタートしてください。

また、寝ている間にも身体の水分が蒸発しているので、コップ1杯の水は事前に補給してくださいね。元気にゴールすることがいちばんです。

⑤いよいよレース出走！

目標タイム別にスタートが仕切られている場合が多いです。自分の目指すスタートラインに入り（大会によってはペーサーもいます）、スマホのGPSを早めにセットして（たくさんのランナーがいるので、GPSがいつもより取りにくいことがあります）、スタートの号砲を待ちましょう。

⑥フィニッシュライン

完走、おめでとうございます！　フィニッシャーズメダルをかけてもらって、レース終了です。荷物を受け取って、心地良い疲れを堪能してください。ご褒美に向かいましょう！

レース前日・当日に「しないほうが良い」こと

レース前日・当日は、「したほうが良い」よりも「しないほうが良い」ことのほうが大事だと言えます。**「普段やらないことをしない」**が鉄則です。私はこれで何度も痛い目にあいましたので、実例を挙げつつお伝えします。

シューズを新調しない

次は、レースのためにシューズを新調したことによる、よくある失敗です。

シューズのソールがだいぶ削れてきているのに気がついて、その時履いていたシューズと同じメーカー、同じ型、同じサイズ、同じ色と、すべてが同じシューズを購入しました。届いたのがレース直前だったので、前日そのシューズを履いて歩くだけになってしまいました。何だか少しフィット感が違うような気がしながらも、「レース前で敏感になっているのかな?」と、そのまま新しいシューズで出走することにしました。

これが、大失敗を引き起こします。レース途中で足が痛くなり、走り方がおかしくなってしまったのか、しばらくすると膝や太ももまで脚全体が痛くなり、結局レースを棄権することになりました。1泊してまで走りに行ったのに、苦い思い出です。

まったく同じシューズでも、いきなり当日新しいシューズを履くのは避けましょう。ウエアやアンダーウェアも同じで、慣れていないものは擦れやズレの原因になります。新調するのであれば、ウェアなら1週間前くらいまでに、シューズなら少なくとも2・3回履いて走ってからレースに臨みましょう。

使ったことのない食材・調味料は使わない

レース前日は、炭水化物メインの食事（カーボローディング）をおすすめしています。カーボローディングをして、使える糖質を増やし、スタミナやパフォーマンスを最大限に発揮できるようにするためです（脂肪がエネルギーに変わるまでは、炭水化物よりも時間がかかるため）。レース前に食べるのは、我が家ではパスタや3色ご飯が定番です。

これは遠征した先で起こった私のトラブルです。レース前日の夜は、いつも通りパスタにしました。ただ、遠征先だったこともあって、ソースは市販のバジリコソースを使用。味はとてもおいしかったのですが、どうもソースに使われていたオリーブオイルが合わなかったようで、夜通し吐き気が止まらずに、ほとんど眠れないままレース当日を迎えました。スタート時点から疲れ果ててしまい、レース中ずっとトイレを探して走ったこともあります。

そうした経験をしてから、遠征であっても定番の3色ご飯を持って行っています。同じものを食べると、気持ちもいつも通りに保ちやすくなりますので、**いつも練習前に食べているもの、日常的に使っている調味料を使った食事**を心がけてください。

早寝しすぎない

レースは大体朝早く開催され、会場まで行くのにも時間がかかるので、レース当日はどうしても早起きになります。次は私のよくあるパターンです。

久しぶりのレースで気持ちが入っていたのもあり、夜の8時半頃に寝ることにしました。日頃8時半には寝ないので、ベッドに入っても眠れません。「横になるだけでも良いか」と横になるも、緊張のせいか寝付けず、時間だけが経っていきます。

結局、いつも寝ている時間になっても目が冴えて全然眠くならない。こうなると「早く寝なくちゃ」と焦ってしまう。そしてそれが「眠れないあせり」を加速させます。結局その日は、寝たのか寝なかったのかよくわからないままスタート地点に向かいました。

「寝なくちゃ」と気合を入れて早寝をする必要はありません。**「1日寝られなくても5㎞、10㎞くらいなら走れる！」くらいの大きな気持ちで、普段通りの時間にベッドに入ってください。**

column

6 ランニングの扉を開いた私は、自分の人生を選択できるようになった

最後に、「ランニング」によって人生が大きく変わった私の話をします。走ることが習慣となって25年。この間にいくつもの大きな出来事がありました。自分が望んで手に入れたこと、望まざるも降りかかってきた災難とも言える出来事。きっと誰にも、どんな人にも人生の一大事があると思います。私の場合は、結婚・出産・転職・移住・フリーランスという仕事の選択がありました。どれも大きな選択を伴う出来事で、迷いは常にありましたが、自分で自分の人生を決めてきました。どの決断も、走ることと切り離せません。

さまざまな決断ができたのは、**走ることで「変わらない芯」を持てた**からだと思っています。日本での安定した生活を全部捨てて、オーストラリアへの移住を決断したのも「今だ、今しかない!」という自分の気持ちに忠実になれたから。「仕事は見つかるのか?」「貯

金は尽きないか？」「今の仕事を辞めてまですることか？」と、色々と考え出したら何もできなくなってしまっていたと思います。

その時の「動かない芯」となっているのは、「この年齢であればやり直しがきくだろう」という確信めいた思いです。また、「それならば思いに忠実に生きてみよう」ということです。不確定な未来よりも、「今」を選んだのです。

走っている時、いつも「今」と向き合っています。「今この瞬間」に、とても敏感に、そして忠実になれたのは、やっぱり走っていたからです。

オーストラリアに移住してから、もちろん良いことばかりではなく、思いもよらぬ出来事に遭遇して心が折れた時もありました。家が完全崩壊した時は、前を向きたいけれど、前がどこにあるかもわかりませんでした。勤めていた会社が倒産した時は、ここで生きていけるのだろうかと弱気にもなりました。そうした時の逃げ場が、走ることでした。とにかく何も考えたくなくて、1人になりたくて、毎日毎日走り続けることで、心を取り戻していました。

どんな局面でも、「人」に助けられて乗り越えられてきたのですが、その「人」さえも、走ることでつながった人が多かったのです。ラッキーな人生だと思います。

そして最後に、走っていたからこそ気が付くことができたこともあります。

一度目はマラソンレース後に下血をして、「放っておくと大腸がん化したポリープ」の存在がわかったのです。

二度目は、練習中に胸の圧迫で「放っておくと深刻な心臓病に陥り、命を落としたかもしれない」状態だと知りました。気が付かないうちに進行してしまう病気で、走っていなければわからなかったかもしれず、今考えると恐ろしいです。

走っていると自分の身体にとても敏感になります。**走ることで身体にストレスを与えて気が付く不調があります**。健康でいるためにも、大病への予兆を見逃さないためにも、私はできる限り走り続けたいと思っています。

走ることは、たくさんの良いことをもたらしてくれます。ここまで読んでくださったみなさまには、伝わっていると信じています。そして、ぜひ「今」決断して走りはじめていただけると、これ以上うれしいことはありません。今はじめれば、手遅れにはなりません。

あなたが自分らしく、いつまでも、自分の足で自分の人生を歩み続けられますように。

おわりに

ひょんなことからランニングと出会って、あっという間の25年でした。

走りはじめて4か月ほど経った頃、最初で最後だと思って走った軽井沢ハーフマラソン。あの日の光景、緑のにおい、そして牛舎の強烈なにおい……鮮明に記憶に残っています。このレースに挑戦していなければ、今の私はなかったでしょう。振り返れば、あれこそが人生好転のきっかけでした。

「本当に倉島さんは走ることが好きですね」とよく言われます。

今では走ることが好きになっていますが、最初からそうではありませんでしたし、もっと言えば、走ることが好きかどうか以上に、「走らないといられない」「走らない日は何だか満たされない」という感覚に近いです。

ただし、本文中でも述べた通り、雨が降ったり、風が強かったりすると、走りたくない気持ちが勝ちますし、ワクワクした気持ちで応募したレースでも、レースを間近にすると緊張して出走をやめたくもなります。レース中も苦しくて「なぜ走っているんだろう？」

と思うこともよくあります。

しかし、**それでも走り続けるのは、ランニングの楽しさをたくさん知ってしまったから**で、「やっぱり走ろうか」と、走り出してしまうのです。特に人生の後半戦に入ってからは、何より走らなかった日の後悔は凄まじいほどです！

私は本書の執筆中にも1本のフルマラソンを予定しています。このフルマラソンを完走すれば、フルマラソン完走が37本目になります。10㎞のレースや、ハーフマラソンはおよそ250本ほど走っていますが、レース前は毎回、緊張して走るのをやめたくなります。けれども、どんなレース展開になろうともフィニッシュラインを踏んだ瞬間にすべてのつらさ・苦しさ・怖さは消え、充足感で全身が満たされます。何よりレース後のビールは世界一おいしいものです！　日常では決して味わうことのできない充足感とビールの味にやられて、またせっせと走り出して次のレースに向かうことを繰り返します。これからも、走ることができる間は、それを繰り返し続けることでしょう。

きっと私は「走ることが好きでたまらない」から走っているのではなく、**「走ることを習慣からなくすことができない」**から、走り続けているのです。

ただし、1人で走り続けることは難しかったでしょう。もちろん、1人で走り続けられる人もいるかもしれません。少なくとも私の場合は、たまに一緒に走ってくれる友人や家族、支えてくれるランニングクラブ、会ったことはないけれどSNSでつながったランニング仲間がいてくれるから、走るリズムを崩すことなく続けられています。

また、レース出走の際は、レース関係者の努力や沿道で応援してくれている人々の力があってこそ、最後まで走り抜くことができます。

ランニングは、1人で自分と向き合うスポーツでありながら、走ることを後押ししてくれるコミュニティや人の力があってこそのスポーツだとも思っています。

少しでも「走ってみようかな」と思った方がいたならば、あなたのランニングライフに、この本が伴走できればうれしいです。

最後になりましたが、私に走る目的を与えてくださった片桐芳男さん、市民ランニングの1から10を教えてくださった、『ランナーズ』創業者の橋本治朗・由紀子夫妻、この本への協力と本文イラストを引き受けてくれた友人ジェシカ・ステンソン、本を出す夢を現実へと導いてくださったブックオリティ出版ゼミの高橋朋宏さん、平城好誠さん、菊地大樹さん、小嶋亨子さん、この本の実現に向けて走りはじめ、ずっと伴走してくださった編集者の神村優歩さん、何度もつまずきそうになった出版への道をずっと見守ってくださった川上聡編集長、そして手に取ってくださった読者のみなさまに心から感謝いたします。

2024年1月

倉島万由子

ランニングで目標を達成するステップ（第3章：110〜124ページ）

ワーク
1 具体化した目標を書きとめる

まずはひと言

具体的に

までに

（いつまで）

（何をどうする／何がどうなる）

ワーク
2 目標を達成した時の自分をイメージする

（文でもイラストでも○／どのような変化か／達成した時の気分）

ワーク
3 今の自分を数値化する

❶ 基礎代謝量を知る

（116ページ表1を参考に）

私は ＿＿＿ kcal

❷ 推定エネルギー消費量を出す

＿＿＿（基礎代謝量） × ＿＿＿（身体活動レベル） ＝ 私は1日で ＿＿＿ kcal 消費できる

ワーク

4 目標達成に必要な「走る距離」を数値化する

kg → kg

（現在の体重）　（目標体重）

差　kg

kg × 7200kcal ＝ kcal

体脂肪－1kg
するために消費

（消費したいカロリー）

kcal ÷ kg ≒ km

（現在の体重）　（この距離を走れば消費できる）

km ÷ 週間 ≒ km

この距離を走れば
消費できる

ゴールまで
※ワーク①参照

1週間あたりに
走る距離

※ここで、1週間に走る距離が長すぎないか、自分と相談する。

自分がランニングに費やせる時間に対して距離が長すぎると、
目標を達成するハードルが高すぎて、やる気を失うことにつながる

距離が長すぎる場合、次のいずれかの方法で、
1週間当たりに走る距離を短くする。

◎ 1週間あたりに走る距離を短くする

もしくは

◎ 目標体重を増やす

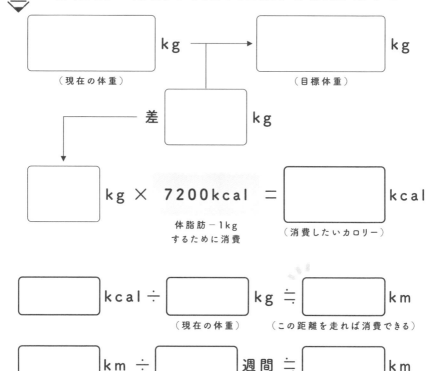

ワーク
5 大きな目標までの小さな目標設定

ワーク
6 ランニングをスケジュールに入れる

❶ 現在のルーティン（朝起きて歯をみがくなど）の中で、
ランニングの予定とくっ付けられそうなものはあるか？

わたしは ［　　　　］ の 前／後 にランニングをする
（丸を付ける）

❷ スケジュールに入れる（週3回予定を入れられると良い）

ワーク
7 ランニングのマイルールを考える

（たとえば「練習は2日空けない」「土曜日の朝は走る」など）

ワーク

8 練習内容や目標を見直す

❶ 次の内容をメモするくせをつける（毎回）

→ 走った時間／距離／心拍数／練習後の気持ち

❷ 練習を見直す

Q「その練習を続けられそうですか？」

YES!

そのまま続けましょう！

NO!

目標と練習を見直しましょう！

↓

Q「その練習を続けるのが難しいのはなぜですか？」

↓

Q「どうしたら練習が続けられるでしょうか？」

これで試してみましょう！

目標が高すぎる場合は、
1（目標）4（週ごとの走る距離）を見直してみると良いでしょう。

記入例

ランニングで目標を達成するステップ（第3章：110～124ページ）

ワーク

1 具体化した目標を書きとめる

まずはひと言

同窓会までにやせて、友人を驚かせる

具体的に

1年（53週間）後 までに 48kgになる

（いつまで）　（何をどうする／何がどうなる）

ワーク

2 目標を達成した時の自分をイメージする

（文でもイラストでも○／どのような変化か／達成した時の気分）

いつもダボダボの服を着ていた私だけど、
ランニングでやせて自信が付いたから、
タイトな服装にチャレンジ。私の変化に
友人たちは驚いたり、ほめたりしてくれる。
努力が実ったのがうれしい。

ワーク

3 今の自分を数値化する

❶ 基礎代謝量を知る
（116ページ表1を参考に）

現在52歳女性の場合

㊙は 1110 kcal

❷ 推定エネルギー消費量を出す

1110	×	2.0	=	2220	kcal
（基礎代謝量）		（身体活動レベル）		私は1日で消費できる	

ワーク

4 目標達成に必要な「走る距離」を数値化する

55 kg → 48 kg

（現在の体重）（目標体重）

差 7 kg

7 kg × 7200kcal ＝ 50400 kcal

体脂肪－1kg
するために消費

（消費したいカロリー）

50400 kcal ÷ 55 kg ≒ 916 km

（現在の体重）（この距離を走れば消費できる）

916 km ÷ 53 週間 ≒ 17.28 km

この距離を走れば
消費できる

ゴールまで
※ワーク①参照

1週間あたりに
走る距離

※ここで、1週間に走る距離が長すぎないか、自分と相談する。

自分がランニングに費やせる時間に対して距離が長すぎると、
目標を達成するハードルが高すぎて、やる気を失うことにつながる

距離が長すぎる場合、次のいずれかの方法で、
1週間当たりに走る距離を短くする。

◎ 1週間あたりに走る距離を短くする

もしくは

◎ 目標体重を増やす

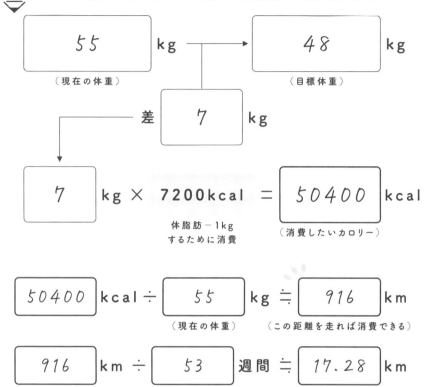

ワーク
5 大きな目標までの小さな目標設定

①1週間に3回、ランニングの予定を入れる
②1週間続ける
③3週間続ける
④週に1回は、20分通して走り続ける
⑤週末の練習を、30分から45分に変える
⋮

ワーク
6 ランニングをスケジュールに入れる

1 現在のルーティン（朝起きて歯をみがくなど）の中で、ランニングの予定とくっ付けられそうなものはあるか？

わたしは 朝シャワー の ㊒前 / 後 にランニングをする
（丸を付ける）

2 スケジュールに入れる（週3回予定を入れられると良い）

ワーク
7 ランニングのマイルールを考える
（たとえば「練習は2日空けない」「土曜日の朝は走る」など）

土日のどちらかは朝ランニングをする

ワーク

8 練習内容や目標を見直す

❶ 次の内容をメモするくせをつける（毎回）

→ 走った時間／距離／心拍数／練習後の気持ち

❷ 練習を見直す

Q「その練習を続けられそうですか？」

YES!

そのまま続けましょう！

NO!

目標と練習を見直しましょう！

↓

Q「その練習を続けるのが難しいのはなぜですか？」

平日に5km走る時間と体力がない。

↓

Q「どうしたら練習が続けられるでしょうか？」

平日は、まず3km走ることを目標にして、
同じ時間でも走れる距離を長くしていく。

これで試してみましょう！

目標が高すぎる場合は、
1（目標）4（週ごとの走る距離）を見直してみると良いでしょう。

5kmのレースに挑戦するための「3か月練習プラン」（第3章：139・140ページ）

❶ **ジョグ・ウォークの日**
だんだん長く走れるようになることを目指します

❷ **コンビネーション・トレーニングの日**
「ウォームアップ＋ダイナミックストレッチ＋メイン練習＋クールダウン」を行ないます

❸ **筋トレやストレッチの日**
疲労回復や、パフォーマンスの向上を目指します

❹ **時間を長めにとった練習の日**
長く移動できる体力をつけることを目指します

を1週間の中で組み合わせて取り組んだら、3か月後には5kmを走れるようになります。最初は「すべて歩く」からはじめてもOKです。

WEEK 1

- □ 2km（1分ずつジョグとウォークを繰り返す）
- □ メイン練習として、「50秒ラン＋30秒ウォーク」を6～8セット
- □ 20~30分筋トレやストレッチ
- □ 「ジョグ＋ウォーク」30分（10分ジョグ＋20分ジョグとウォーク）水泳やバイク、山登りに置きかえてもOK

WEEK 2

- □ 3km（1分ずつジョグとウォークを繰り返す）
- □ メイン練習として、「50秒ラン＋30秒ウォーク」を6～8セット
- □ 20~30分筋トレやストレッチ
- □ 「ジョグ＋ウォーク」30分（10分ジョグ＋20分ジョグとウォーク）水泳やバイク、山登りに置きかえてもOK

WEEK 3

- □ 3km（1分ずつジョグとウォークを繰り返す）
- □ メイン練習として、「50秒ラン＋30秒ウォーク」を6〜8セット
- □ 20~30分筋トレやストレッチ
- □ 「ジョグ＋ウォーク」30分（12分ジョグ＋18分ジョグとウォーク）水泳やバイク、山登りに置きかえてもOK

WEEK 4

- □ 3.5km（1分ずつジョグとウォークを繰り返す）
- □ メイン練習として、「2.5分ラン＋2分ウォーク」を3〜4セット
- □ 20~30分筋トレやストレッチ
- □ 「ジョグ＋ウォーク」30分（13分ジョグ＋17分ジョグとウォーク）水泳やバイク、山登りに置きかえてもOK

WEEK 5

- □ 3.5km（1分ずつジョグとウォークを繰り返す）
- □ メイン練習として、「2.5分ラン＋2分ウォーク」を3〜4セット
- □ 20~30分筋トレやストレッチ
- □ 「ジョグ＋ウォーク」30分（14分ジョグ＋16分ジョグとウォーク）水泳やバイク、山登りに置きかえてもOK

WEEK 6

- □ 3.5km（1分ずつジョグとウォークを繰り返す）
- □ メイン練習として、「2.5分ラン＋2分ウォーク」を3〜4セット
- □ 20~30分筋トレやストレッチ
- □ 「ジョグ＋ウォーク」30分（15分ジョグ＋15分ジョグとウォーク）水泳やバイク、山登りに置きかえてもOK

WEEK 7

- □ 4km（1分ずつジョグとウォークを繰り返す）
- □ メイン練習として、「2.5分ラン＋2分ウォーク」を3〜4セット
- □ 20~30分筋トレやストレッチ
- □ 「ジョグ＋ウォーク」30分（16分ジョグ＋14分ジョグとウォーク）水泳やバイク、山登りに置きかえてもOK

WEEK 8

- □ 4km（1分ずつジョグとウォークを繰り返す）
- □ メイン練習として、「2.5分ラン＋2分ウォーク」を3〜4セット
- □ 20~30分筋トレやストレッチ
- □ 「ジョグ＋ウォーク」30分（17分ジョグ＋13分ジョグとウォーク）水泳やバイク、山登りに置きかえてもOK

WEEK 9

- □ 4.5km（1分ずつジョグとウォークを繰り返す）
- □ メイン練習として、「2.5分ラン＋1.5分休む」を3〜4セット
- □ 20~30分筋トレやストレッチ
- □ 「ジョグ＋ウォーク」30分（18分ジョグ＋12分ジョグとウォーク）水泳やバイク、山登りに置きかえてもOK

WEEK 10

- □ 4.5km（1分ずつジョグとウォークを繰り返す）
- □ メイン練習として、「2.5分ラン＋1.5分休む」を3〜4セット
- □ 20~30分筋トレやストレッチ
- □ 「ジョグ＋ウォーク」30分（20分ジョグ＋10分ジョグとウォーク）水泳やバイク、山登りに置きかえてもOK

WEEK 11

- [ ] 5㎞（1分ずつジョグとウォークを繰り返す）
- [ ] メイン練習として、「3分ラン＋1.5分休む」を3～4セット
- [ ] 20~30分筋トレやストレッチ
- [ ] 「ジョグ＋ウォーク」30分（22分ジョグ＋8分ジョグとウォーク）水泳やバイク、山登りに置きかえてもOK

WEEK 12

- [ ] 5㎞（1分ずつジョグとウォークを繰り返す）
- [ ] メイン練習として、「3分ラン＋1.5分休む」を3～4セット
- [ ] 20~30分筋トレやストレッチ
- [ ] 「ジョグ＋ウォーク」30分（24分ジョグ＋6分ジョグとウォーク）水泳やバイク、山登りに置きかえてもOK

WEEK 13

- [ ] イージージョグ3㎞
- [ ] メイン練習として、「3分ラン＋1.5分休む」を3～4セット
- [ ] ※筋トレやストレッチはお休み
- [ ] 5㎞レース

巻末資料

❶ランニングで目標を達成するステップ
（第3章：110～124ページ）

❷記入例：ランニングで目標を達成するステップ
（第3章：110～124ページ）

❸5㎞のレースに挑戦するための「3か月練習プラン」
（第3章：139・140ページ）

このワークシート・練習プランは、
あなたの目標達成の近道です。
ぜひご活用ください！

倉島万由子（くらしま　まゆこ）
ランニングジャーナリスト。1971年香川県生まれ。オーストラリア在住。近畿日本ツーリスト勤務時代の2000年、シドニーオリンピック業務担当としてシドニーに駐在。この頃から、出社時・昼休みにはランニングウェアに着替えて走り、金曜日の仕事終わりにミニレースに参加後、ビールを楽しむようになる。そして、スタジアムが割れんばかりの声援と熱気で揺れた、高橋尚子選手の金メダルの瞬間を現地で見た感動が忘れられず、ランニングと生きることを決める。2002年のソルトレーク冬季オリンピック・日韓サッカーワールドカップの仕事に従事後、退社。走る世界にもっと触れるため、ランナーズ社（現アールビーズ社）に転職。日本市民ランナーを40年以上牽引し、女性ランナーの先駆者である雑誌『ランナーズ』の創刊者、下条由紀子（当時編集長）氏から走ることを学ぶ。ランニング歴25年。参加したレース（フルマラソン・ハーフマラソン・10㎞レース）は200大会以上。現在地球２周（約８万㎞）を達成し、３周目に向かっている。

楽《たの》しいから続《つづ》く、続《つづ》くから効果《こうか》が出《で》る

くせになるランニング

2024年２月１日　初版発行

著　者　倉島万由子
発行者　杉本淳一

発行所　株式会社 日本実業出版社　東京都新宿区市谷本村町３−29 〒162−0845

編集部　☎03−3268−5651
営業部　☎03−3268−5161　振　替　00170−1−25349
https://www.njg.co.jp/

印刷・製本／中央精版印刷

ISBN 978−4−534−06075−4　Printed in JAPAN